Dos en uno:
Excel y Access 2018 para principiantes

Dos en uno:
Excel y Access 2018 para principiantes

Ali Akbar

Kanzul Ilmi Press

2018

Primera impresión: 2018

ISBN: 9781726813792

Editor: Zico Pratama Putra

Kanzul ilmí PressWoodside Ave.London, Reino Unido

Librerías y mayoristas: Por favor, póngase en contacto con Kanzul ilmí Prensa de correo electrónico

zico.pratama@gmail.com.

Reconocimientos de marcas

CONTENIDO

El acceso para los principiantes 91

EXCEL PARA PRINCIPIANTES

Microsoft Excel y Access son dos de software principal en el paquete MS Office. Microsoft. Excel se utiliza para hacer el análisis de hojas de cálculo, y el acceso se utiliza para hacer alguna operación de datos de base de datos relacional. Este software se puede utilizar de dos a ayudar a cualquiera de sus necesidades de oficina.

Pic 1.1 Excel y Access, dos software más importante de MS Office

1.1   Introducción a Excel

Microsoft Excel es la aplicación de hoja de cálculo más importante y más famoso utilizado en empresas y oficinas de todo el mundo. Excel se puede utilizar como una calculadora de hoja de cálculo para cada tipo de negocio. Esta es una aplicación de hoja de cálculo universal que es fácil de aprender.

Una aplicación Excel, tiene muchas características, tales como cálculos y creaciones gráficas. Dado que este programa es fácil de aprender, Excel se convierte en la aplicación de hoja de cálculo más popular hoy en día.

MS Excel utiliza en muchas plataformas, como Windows o Macintosh. Excel ya lanzado el MacOC Desde la versión 5.0 en 1993.

En este momento, MS Excel es una parte integral del paquete de Microsoft Office.

Pic 1.2 Oficina 2018 logo

1.1.1 Ejecución de Excel

Ejecución de Excel se puede hacer usando muchas técnicas. Si utiliza Windows 8 o superior, haga clic en Inicio> Todos los programas> Microsoft Office Excel continuación, haga clic. O puede utilizar la ventana Ejecutar, haga clic en Windows + R a continuación, escriba y ejecute el comando "Excel".

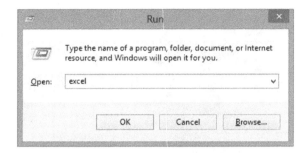

Pic 1.3 Typing "Excel" comando a ejecutar MS Excel

Una pantalla de bienvenida surgirá:

Pic pantalla de 1.4 Splash Excel 2018

1.1.2 La creación de libro de trabajo

El libro es un archivo de Excel. Esto puede ser usado para guardar toda la información que necesita. Para poder realizar un cálculo hoja de cálculo, es necesario crear un libro de trabajo en primer lugar.

Estos son los pasos que puede hacer para crear un libro:

1. Después se muestra la ventana de Excel, haga clic en el Libro en blanco:

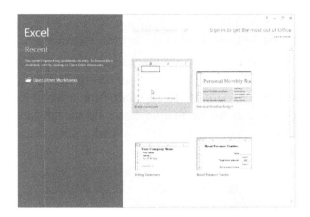

Pic 1.5 Haga clic en el libro en blanco para crear un libro

2. Un libro de vacío se creará pero aún no se ha guardado. Que va a hacer el cálculo de hoja de cálculo aquí.

Pic 1,6 Excel interfaz de libro 2018

1.1.3 Introducción a las interfaces del Excel

Para poder trabajar con Excel, usted tiene que saber en primer lugar, las funciones de los botones y otras interfaces de Excel.

1.1.3.1 Barra de herramientas de acceso rápido

Barra de herramientas de acceso rápido es una barra de herramientas en la parte superior izquierda de la aplicación Excel. Puede acceder a los comandos rápidamente usando esta barra de herramientas, ya que no tiene que abrir fichas de la cinta. En su condición inicial, barra de acceso rápido solamente tiene tres botones, Guardar, Deshacer y Repetir.

Pic 1,7 barra de herramientas de acceso rápido

Pero también se pueden agregar otros botones o comandos para hacer que su acceso a los botones más rápido. Estos son los pasos que puede hacer para añadir botones de barra de herramientas de acceso rápido:

1. Haga clic en el icono de la flecha en el lado derecho de la barra de herramientas de acceso rápido.

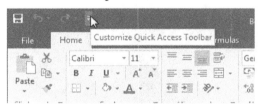

Pic 1,8 menú para personalizar la barra de acceso rápido

2. Elija el botón de comando que desee agregar. Para seleccionar otros comandos, haga clic**más comandos**.

Pic 1.9 Menú para insertar nuevo botón a la barra de herramientas de acceso rápido

3. Si que ya ha entrado y tiene una señal marcada, el botón de comando se sumará a la barra de herramientas de acceso rápido.

Pic 1.10 nuevo botón ya se añade a la barra de herramientas de acceso rápido

1.1.3.2 Nombre de Caja

cuadro Nombre mostrará el nombre de la celda seleccionada. Si elige un rango (más de las células), esto mostrará la identidad del rango. Por ejemplo, si se selecciona la celda B4, caja de nombre mostrará "B4", que muestra la columna seleccionada es B y la fila seleccionada es 4.

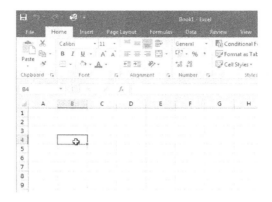

Pic 1.11 Cuando la pantalla el cuadro nombre de "B4".

1.1.3.3 Barra de formulas

Puede insertar datos, o editar los datos utilizando barra de fórmulas. Por ejemplo, cuando entró en la celda B2 "2018", se encuentra la barra de fórmulas como esta.

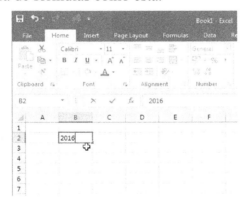

Pico 1,12 bar Fórmula cuando un usuario introduce el contenido de la celda B2.

1.1.3.4 cintas

Cintas contienen todos los comandos necesarios para realizar los cálculos, el formato, etc. Han muchas cintas dedicado a cada función, como Inicio, Insertar, Diseño de página, etc. Basta con hacer clic en la pestaña de la cinta, que va a visualizar los botones dentro de la cinta .

Pic 1.13 cinta en Excel

1.1.3.5 Columna

La columna es la parte vertical de la célula. En Excel, la columna identificada por alfabetos, tales como A, B, C y así sucesivamente.

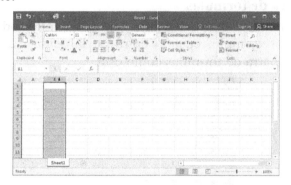

Pico 1.14 Columna B seleccionado

1.1.3.6 Fila

La fila es la parte horizontal. Se puede elegir una fila en su izquierda. En Excel, la fila identificado por un número.

Pic 1.15 fila en Excel

1.1.3.7 Hoja de cálculo

Si el archivo de Excel es un libro, a continuación, una hoja de cálculo de Excel se llama hoja de trabajo. Un libro puede tener más de una hoja de trabajo. Cuando un libro creado, habrá en la hoja de trabajo creado por defecto. En la versión anterior de Excel, había tres hojas disponibles.

Puede renombrar, añadir y eliminar hojas de cálculo.

1.1.4.8 Barra de desplazamiento horizontal

barra de desplazamiento horizontal utiliza para desplazarse en la posición de la hoja de cálculo Excel. Puede deslizar la barra de desplazamiento o haga clic en la flecha hacia la derecha o la izquierda botón de flecha.

Pic 1.16 Barra de desplazamiento

1.1.4.9 control de zoom

El tamaño de la pantalla de hoja de cálculo se puede hacer zoom hacia fuera o el zoom. Puede utilizar este botón para hacerlo. Basta con hacer clic y arrastrar deslizador de zoom para que la imagen sea más grande o más pequeño. El valor del zoom se puede ver a la derecha. Estándar es de 100%. Si hay más de 100% significa mayor, si es menor que 100% significa inferior.

Pic 1.17 control de zoom para controlar el zoom

1.1.4 libro abierto

Para abrir un libro, puede realizar los pasos a continuación:

1. Haga clic en la pestaña Archivo.

2. Haga clic en Abrir. Verá la siguiente ventana:

Pic 1.18 Archivo> menú superior Abrir para abrir el archivo de Excel

3. Elija el archivo que desea abrir:

Pic 1.19 Seleccione el archivo que desea abrir

4. También puede abrir en otro lugar, como onedrive o en la red.

5. Haga clic en el **Abierto** se abrirán botón, y el archivo.

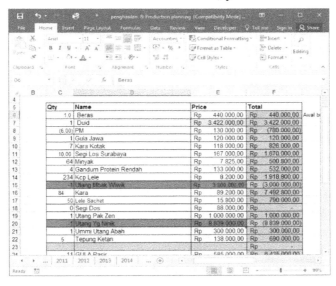

Pic 1.20 Cuaderno abierto

1.1.5 salvo libro

Si el libro ya creado, se puede cambiar el contenido del libro y luego guardar el libro de nuevo. El ahorro significa el cambio que ha creado se implementa de forma permanente.

Para guardar, simplemente haga clic en acceso directo CTRL + S en el teclado. O haga clic en el botón de disquete en la barra de herramientas de acceso rápido.

Pic icono de 1,21 disquete en la barra de herramientas de acceso rápido para guardar el libro

También puede hacer clic desde la cinta de archivos. Haga clic en Archivo> Guardar. Esto abrirá la ventana Guardar como si no ha guardado el archivo antes. Puede guardarlo en, PC local onedrive o en otro lugar en la red haciendo clic en Añadir un Lugar.

Pic 1,22 Haga clic en Guardar para guardar en este PC

1.2 Operaciones celulares

Una célula es una intersección entre una fila y una columna. Se puede poner un valor en una celda. También puede crear funciones, y hacer algo de cálculo de datos aquí.

1.2.1 Modificar columna, fila, y Cell

Una columna tiene una anchura uniforme, pero se puede ampliar o estrechar el ancho de la columna. Para modificar el ancho de columna, que puede hacer los pasos a continuación:

1. Coloque el puntero entre la columna. El puntero cambiará su icono, como a continuación:

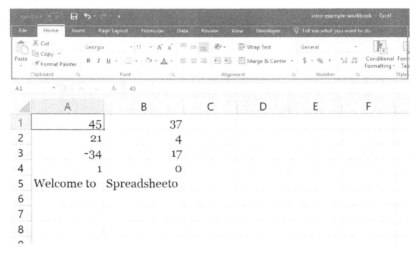

Pic puntero 1,23 pongo a continuación

2. Deslice derecha para aumentar el ancho de la columna. El tamaño de píxel de ancho de la columna va a surgir, se puede deslizar para que coincida con el tamaño que desee.

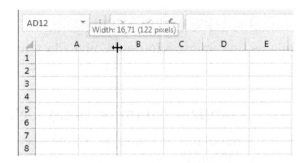

Pic1.24 Haga clic y arrastre para cambiar el ancho de la columna

3. Si suelta el lastre clic, se implementará el nuevo ancho de la columna.

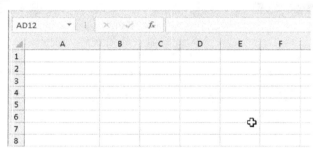

anchura de Pic 1,25 de columna después cambió

4. Si desea cambiar el ancho de la columna de precisión usando tamaño del número del píxel, a continuación, haga clic en la columna de encabezado, haga clic y seleccione **Ancho de columna** menú.

Pic 1,26 Seleccione el menú Ancho de columna

5. Introduzca el ancho de la columna en píxeles. Haga clic en Aceptar.

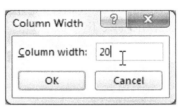

Pic 1.27 Introducción del valor de píxel de ancho de columna

6. La columna cambiará su anchura de acuerdo con el valor de píxel insertado.

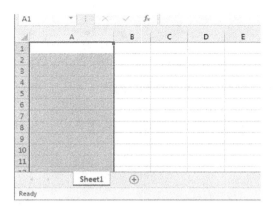

Pico ancho 1,28 columna después de modificarse añadiendo el valor de píxel

Para las filas, el método es similar. Puede hacerlo siguiendo los pasos a continuación:

1. Coloque el puntero en la frontera entre filas. El puntero cambiará su icono como este foto de abajo:

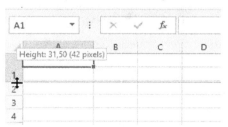

icono de pic 1.29 del puntero cambia

2. Haga clic y arrastre a continuación para aumentar el tamaño de la fila.

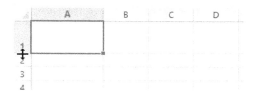

Pic 1.30 deslizante icono del puntero para cambiar el tamaño de la fila

3. Si desea introducir el nuevo tamaño de píxel de la fila, haga clic en la cabecera de la fila de la izquierda, haga clic en **Altura de la fila** menú.

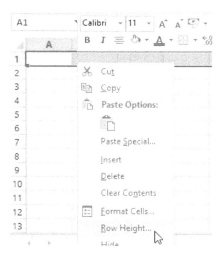

c1.31 pi botón derecho del ratón y seleccione el menú Altura de la fila

4. Introduzca el nuevo valor de altura de la fila en el píxel, y haga clic en OK.

5. El tamaño de la fila se actualizará.

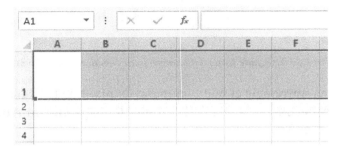

pic altura de 1,33 fila actualizada

1.2.2 Formato de celda

El contenido de una celda puede ser formateada usando estas técnicas:

1. Por ejemplo, la celda B4 tiene un número regular como el pic abajo; vamos a darle formato.

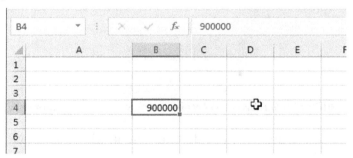

Pic B3 1,34 celular que será formateado

2. Haga clic en el celular, y elija el menú Formato de celdas.

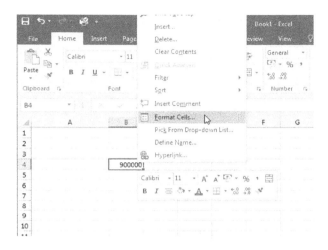

Pic 1.35 Haga clic en el menú Formato de celdas

3. Debido a que el tipo de datos de contenido de la celda es un número, aparecerá una ficha Número. En la ficha Número, puede elegir el tipo de número, si va a ser un número general, moneda, etc.

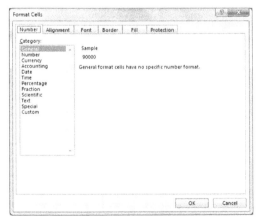

Pic pestaña 1,36 Número

4. Para crear una moneda, haga clic en la moneda en la caja de Categoría. A continuación, seleccione un símbolo para elmoneda, y elegir la cantidad necesaria decimales.

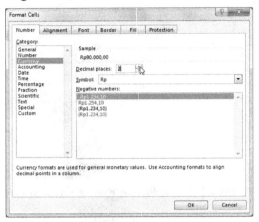

Pic 1.37 Configuración de formato de la moneda

5. En la ficha Alineación, puede configurar la alineación del texto en la celda. También puede cambiar el grado de orientación del texto al cambiar la dirección del texto en la caja de Orientación, o introduciendo el valor numérico medida de arriba abajo de la caja**grados**.

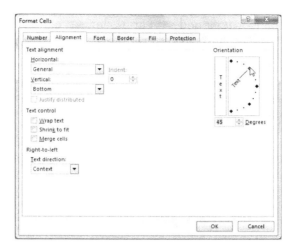

Pic 1.38 Configuración de la orientación del texto

6. Haga clic en la ficha Fuente para configurar el nombre de la fuente, estilo de fuente y tamaño de fuente del texto en la celda.

Pico 1,39 Cambio de las propiedades de la fuente

7. En la ficha Borde, puede crear y definir el tipo y estilos de borde. Se puede elegir el tipo de línea del borde y qué parte de las células están bordeados.

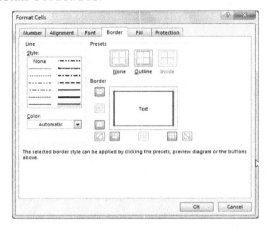

Pic 1.40 Cambio de frontera

8. Sobre el **Llenar**pestaña, puede modificar el color de fondo de la celda. Modificar el valor de color de relleno> Fondo. También puede aplicar un patrón seleccionando el cuadro combinado del modelo del color y del modelo del estilo.

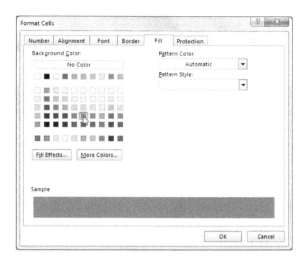

Pic 1,41 Cambio de Propiedades de relleno

9. Hacer clic **DE ACUERDO**, La célula y el texto interior se modificarán de acuerdo con el formato seleccionado.

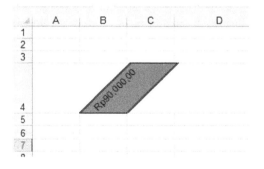

Pic 1,42 celular y el texto ya ha cambiado

1.3   Fundamentos de la hoja de trabajo

Una hoja de cálculo es un lugar donde se realiza el cálculo de datos. Hay algunas operaciones básicas de hoja de cálculo que hay que entender.

1.3.1 Añadir la hoja de trabajo

La nueva hoja de cálculo se puede agregar utilizando los pasos a continuación:

1. Mira el signo más debajo de la ventana de Excel, justo en el nombre de la hoja de trabajo. Haga clic en ese signo más.

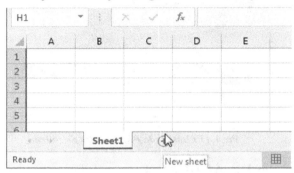

Pic 1,43 Haga clic en el botón más para agregar una nueva hoja de cálculo

2. Una nueva hoja surgirá con la Hoja de nombre por defecto (Antes + 1).

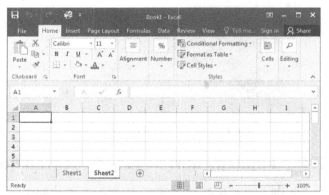

Pic 1.44 Nueva hoja emergen

---

3. También puede utilizar el método del botón derecho para crear una nueva hoja, haga clic en la pestaña de la hoja y haga clic **Insertar**.

Pic 1.45 Al hacer clic en el menú Insertar para agregar una nueva hoja de cálculo

4. Una ventana Insertar emergerá, elegir el nuevo tipo de hoja que desee agregar.

Pico 1,46 Seleccione el nuevo tipo de hoja

5. También puede crear una nueva hoja a partir de plantillas existentes simplemente haga clic en las soluciones de hoja de cálculo y haga clic en OK. Un montón de plantillas disponibles, tales como el informe de ventas, estado de cuenta, etc Usted puede ver la vista previa en el cuadro de vista previa.

Pic 1,47 Insertar plantilla

6. Si crea una nueva hoja a partir de una plantilla, la hoja recién creado tendrá algunos datos en su interior. Puede editar o eliminar estos datos si lo necesita.

Pic 1.48 Nueva hoja creada con la plantilla tendrá los datos dentro de él

1.3.2 eliminar Hoja de Trabajo

La hoja de cálculo puede ser borrado del libro. Aquí es cómo eliminar hoja de cálculo existente:

1. Haga clic en la pestaña de la hoja que desea eliminar.

2. Haga clic en **Borrar** Menú para borrarlo.

Pic 1.49 Haga clic en el menú Eliminar para eliminar una hoja

3. La hoja que se retira será ya no es accesible.

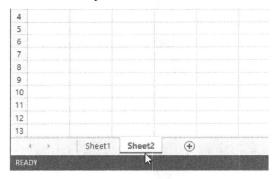

Pico 1,50 Sheets pestaña después de la eliminación

1.3.3 Cambiar las hojas de pedido

Hojas insertadas en el libro tendrán orden de acuerdo a la vez que se inserta. Pero se puede cambiar el orden de la hoja de arrastrar y soltar.

1. por ejemplo la condición inicial de esta manera, queremos cambiar la posición Hoja1 Hoja2 después.

Pico 1.51 hojas de pedido inicial

2. Haga clic en Sheet1 continuación, arrastre hacia la derecha
   después de la posición de la Hoja2.

Pico 1,52 Drag Sheet1 a la Hoja de posición 2

3. Suelte el arrastre clic, la posición de los sheet1 se deslizará
   hacia la derecha de la posición de la Hoja2.

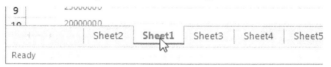

posición de Pic 1,53 de Sheet1

1.3.4 Cambiar el nombre de la hoja

Hoja insertada tendrán nombres predeterminados, como la
hoja 2, Sheet3, etc. Puede cambiar el nombre de la hoja para hacer
la hoja más legible.

1. Para cambiar el nombre de la hoja, haga doble clic en el
   nombre de las hojas. El nombre de la hoja se seleccionará la
   siguiente manera:

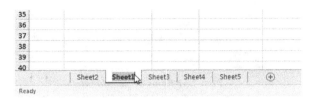

Pic 1,54 Haga doble clic en el nombre de la hoja

2.   Escriba el nombre nuevo.

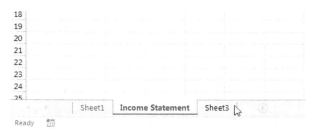

Pic 1.55 Escriba el nuevo nombre

3. Haga clic en Intro en el teclado, se insertará el nuevo nombre

se insertará pic 1,56 Nuevo nombre

4. Puede cambiar el nombre del menú del botón derecho, simplemente haga clic derecho sobre el nombre de la hoja y haga clic **Rebautizar** menú.

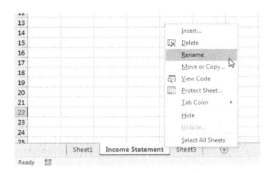

Pic 1.57 clic en el menú Cambiar nombre

5. Escriba el nombre nuevo. Se implementará el nuevo nombre.

Pic 1,58 Tipo nuevo nombre

1.3.5 Diseño de página

No sólo puede ser utilizado como una herramienta para hacer una hoja de cálculo Calc, pero Excel también puede entregar el resultado al papel impreso. Antes de imprimir, hay que abrir la ficha Diseño de página en la cinta que se adapta a muchas características de diseño de la página.

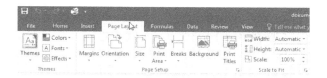

pestaña pic 1.59 Diseño de página

Haga clic en Temas y seleccione un tema que desea para toda la hoja de cálculo. El tema que usted elija cambiará automáticamente el texto, el color y la fuente de la hoja de cálculo.

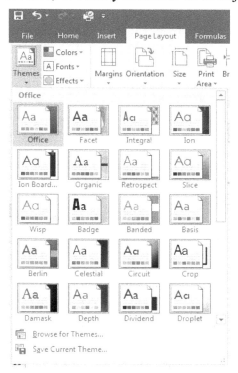

Pic lista 1,60 temático

Haga clic en Márgenes> Márgenes personalizados para configurar su margen. El margen es un espacio en blanco entre el final de la zona impresa al final del artículo. Si el margen elige no está disponible en la lista, puede crear su Margen personalizado.

Pic 1.61 Menú para acceder Márgenes personalizados

A continuación, defina la parte superior, derecho, inferior y los márgenes izquierdo. Se puede establecer el margen de encabezado o pie también.

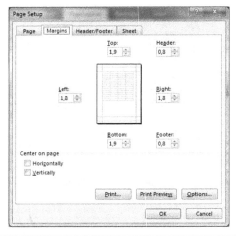

Orientación del papel se puede seleccionar entre el retrato (vertical) u horizontal (horizontal).

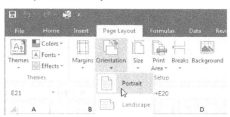

Pico 1,63 Cambio de orientación del papel

Para cambiar el tamaño del papel, haga clic en Tamaño y elija el tipo de papel.

Imprimir la sección Área utilizada para establecer el área de impresión de la hoja de trabajo. No se imprimirá toda la hoja de cálculo. Se puede establecer una cierta parte de la zona para ser imprimible.

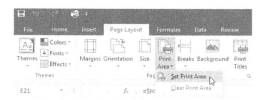

Pic 1.65 Establecer área de impresión

Fondo se utiliza para insertar antecedentes de la hoja de trabajo.

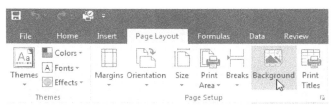

Pic 1.66 Haga clic en la pestaña Fondo

Se puede elegir fuente de la imagen, desde el archivo local o Bing Image Search. Bing es propiedad de Microsoft, por lo que MS Office admite Bing en lugar de Google Búsqueda de imágenes.

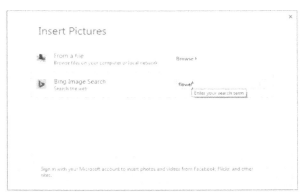

Pic 1,67 Localizar fuente de imagen para el fondo de hoja de cálculo

Solo tienes que introducir la palabra clave para el fondo de búsqueda de imágenes, después de que el resultado estará disponible en cuestión de segundos.

Pic 1.68 Imágenes disponibles la imagen de fondo en Bing Image Search para

Si no tiene conexión a Internet, puede elegir las imágenes locales.

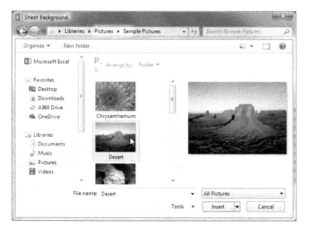

Pic 1,69 Ubicar la imagen desde el equipo local

Después de la imagen de fondo inserta el fondo son de la hoja de trabajo no será sencillo ya.

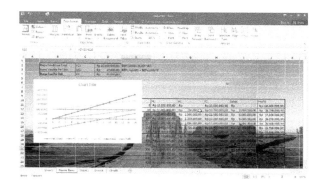

Pic condición 1.70 Hoja de trabajo después de la imagen de fondo insertado

Si desea eliminar el fondo, haga clic en el Diseño de página> Eliminar fondo.

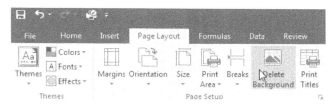

Pic 1,71 Al hacer clic en botón Eliminar fondo para eliminar el fondo

Si desea personalizar la configuración de página, haga clic en la flecha en la parte inferior derecha del cuadro de configuración de página en la cinta Diseño de página.

Pic 1,72 botón para visualizar el programa de instalación de página personalizado

Aparecerá una ventana de configuración de página:

Pic 1.73 Ventana Configurar página

En la ficha encabezado / pie de página, puede insertar el encabezado y pie de página para cada página en el papel impreso. La cabecera es un espacio en la parte superior de la página, mientras que el pie de página es un área en la parte inferior de la página.

Pic 1,74 Cabecera pestaña / pie de página

1.3.6 Hoja de trabajo de impresión

La impresión en Excel no es tan simple como en MS Word. Usted tiene que definir el área de impresión en primer lugar. Es diferente con MS Word, en una página en MS Word aparecerá en un papel si se imprime directamente.

Realice los pasos a continuación para imprimir una hoja de cálculo en MS Excel:

1. Seleccione las zonas (más de uno células) que desea imprimir.

2. Haga clic en Diseño de página lengüeta. Haga clic en área de impresión> Establecer área de impresión.

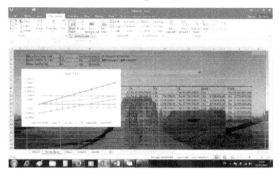

Pic 1.75 Haga clic en el botón Establecer área de impresión

3. Aparecerá la página Configuración> ventana de la Hoja. Se puede ver el área de impresión seleccionada en el cuadro de texto**Área de impresión**.

Pic 1,76 Imprimir ventana del área de

4. Hacer clic **Archivo> Imprimir**.

Pic 1,77 Haga clic en el menú Archivo> Imprimir

5. Se puede ver la vista previa de impresión en el lado derecho. También puede configurar las propiedades de la impresora (opcional) en Propiedades de impresión.

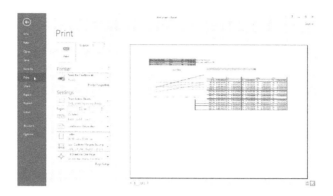

Pic 1.78 Vista preliminar

6. Si todo está bien, a continuación, haga clic en Imprimir icono para hacer el trabajo de impresión.

1.4 Las fórmulas de Excel

El núcleo de software de hoja de cálculo es fórmulas. Esto hace que Excel es muy inteligente y se puede utilizar para hacer muchas hojas de cálculo. Esto se debe a que Excel tiene la capacidad de crear tantas fórmulas, fórmula con funciones o fórmulas integradas que se pueden definir por sí mismo.

fórmulas de Excel se pueden utilizar directamente sin tener que instalar plug-ins o complementos primero. Esto se debe a que esta función es compatible de forma predeterminada en Excel.

1.4.1 crear Fórmulas

Todas las fórmulas en Excel, independientemente de la complejidad que son, principalmente fijadas con una técnica sencilla.

1. Haga clic en la celda en la que desea crear la fórmula.

2. Haga clic en el símbolo de igual (=) en el teclado. Todo símbolo igual le dirá Excel que va a crear una fórmula.

1.4.2 Referencia de la celda

Puede crear una fórmula que obtiene un valor de otra celda. Sólo hay que hacer referencia a la otra celda de la fórmula para que la fórmula puede contar el valor basado en el valor. Este método tiene muchas ventajas:

1. Si el valor en otra célula cambió, la fórmula se actualizará directamente y mostrar nuevo valor.

2. En cierto caso, utilizando referencia de celda, puede copiar la fórmula a otra celda (por lo general las células adyacentes) en una hoja de cálculo, y la referencia en el recién copiado se actualizará dinámicamente a la célula.

El método más fácil para hacer referencia a la célula está utilizando un ratón, simplemente haga clic en la celda que desea hacer referencia, esto va a hacer referencia de forma automática la celda en la fórmula (después del signo =).

1.4.3 Fórmulas matemáticas

Básica de fórmulas matemáticas son el operador aritmético, como multiplicar, dividir, sumar y restar. Vamos a demostrar cómo utilizar el operador aritmético en los pasos siguientes:

1. Hay dos valores numéricos que queremos operar utilizando la fórmula matemática Excel.

	A	B	C	D
1				
2	Num 1	20		
3	Num 2	50		
4				
5	Result			
6				
7				
8				

2. Introduzca signo igual para iniciar la creación de fórmulas.

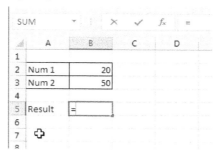

Pic 1.80 Inserción signo igual para iniciar la creación fórmula

3. Haga clic en la primera celda que contiene el valor de operar, o en otra palabra, el primer operando.

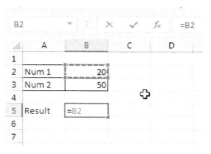

Pic 1,81 Haga clic en la primera celda

4. Inserte el operador, para este ejemplo, Voy a usar el operador adicional para realizar la suma.

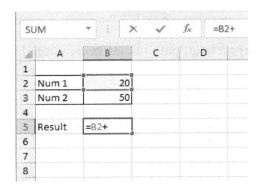

Pic 1.82 Inserción del operador adicional

5. Elija el segundo valor como segundo operando.

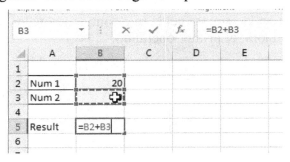

Pic 1,83 Seleccione el segundo valor de operar, el segundo operando

6. Haga clic en Intro en el teclado. Esto hará que la fórmula insertado. Se puede ver la fórmula escrita en la barra de fórmulas, y el resultado de la operación se mostrará en la celda.

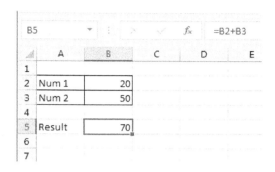

Pico 1,84 Fórmula ya insertado

7. Si hace clic con el ratón en la celda de nuevo, verá la fórmula de nuevo.

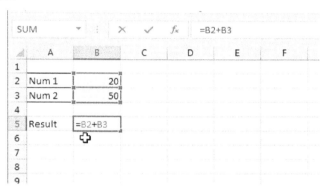

Pic 1,85 fórmula de Excel apareció al pasar el ratón clic en la celda

8. Puede cambiar el operador con * hacer la multiplicación.

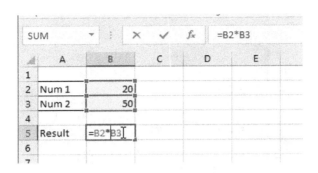

Pic 1.86 Cambio del operador para realizar la multiplicación

9. Haga clic en Entrar, se mostrará el resultado de la multiplicación.

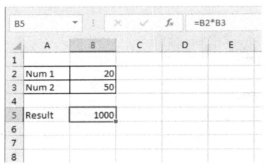

Pico 1,87 resultado de la fórmula multiplicación

10. Para ello operación de división, cambiar el operador para escribir el símbolo de división (/).

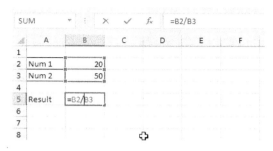

Pic 1.88 Cambio del operador /

11. El resultado de la fórmula se actualizará en una consecuencia de la división.

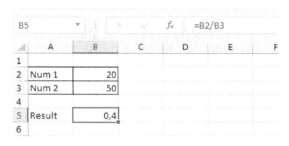

Pico 1.89 El resultado actualizado porque de fórmula división

12. Para cambiar a la operación de resta, el uso de menos (-) símbolo como un operador.

13. El resultado será actualizado

Pic resultado 1,91 Resta

14. A partir de los pasos anteriores, se puede ver los operadores aritméticos utilizados en la fórmula de Excel son las mismas con las matemáticas regulares.

operadores aritméticos en Excel tienen símbolos:

1. Resta, signo menos (-).

2. Además, más signo (+)

3. División, recortar signo (/)

4. Multiplicación, signo de asterisco (*)

5. señal exponencial, exponencial (^)

1.4.4 rangos con nombre

La gama es una colección más de una celda. Para facilitar la creación fórmula, puede crear un rango con nombre. Esto hará que la función sea más legible. Para crear rangos con nombre, puede utilizar los pasos a continuación:

1. Por ejemplo, hay una mesa en la que se define la segunda columna como un rango con nombre.

	A	B	C	D	E
1					
2		Product Sales Report			
3		Temperature	Sales		
4		15	140		
5		14	120		
6		13	140		
7		15	120		
8		14	140		
9		14	200		
10		51	120		
11		21	123		
12		23	130		
13		22	143		
14					
15					
16					
17					
18					

Pico 1,92 Tabla donde se denominará la segunda columna

2. Seleccione el rango que desea ser identificado, haga clic derecho y clic **definir nombre** menú.

Pic 1,93 rango seleccionado

3. **Nuevo nombre** Aparecerá la ventana, insertar el nombre de este campo en el cuadro de texto Nombre.

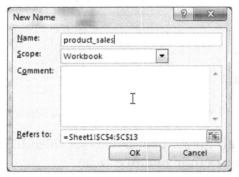

Pico 1,94 Inserción de nombre para rango seleccionado

4. Cuando se elige una célula que es miembro de la gama, el nombre aún no identificado.

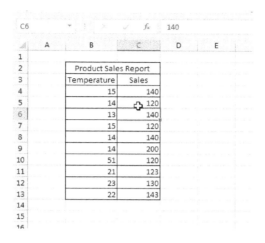

Pic 1.95 Si sólo se selecciona una celda, el nombre aún sin identificar

5. Pero si usted elige todas las células de la gama, el nombre se puede ver en el cuadro de texto de arriba a la izquierda, junto a la caja fórmula.

Pic 1,96 Nombre del rango designado se ve en el cuadro de texto superior izquierda

6. Uso de rango con nombre, creando fórmula más fácil. Debido a que usted puede hacer la fórmula más fácil de leer, por ejemplo, puede acaba de crear PROMEDIO (NAMED_RANGE) para calcular el valor medio de todas las celdas del rango.

Pico 1,97 Rango con nombre usado en la fórmula

7. Si el El nombre de NAMED_RANGE seleccionado (se pone el puntero allí), se elegirá todas las células dentro de la NAMED_RANGE.

SUM		▾ : × ✓ ƒx	=AVERAGE(product_sales)				

◢	A	B	C	D	E	F	G	H
1								
2		Product Sales Report						
3		Temperature	Sales					
4		15	140					
5		14	120					
6		13	140					
7		15	120					
8		14	140					
9		14	200					
10		51	120					
11		21	123					
12		23	130					
13		22	143					
14			=AVERAGE(product_sales)					
15			AVERAGE(number1; [number2]; ...)					
16								

Pic 1.98 Todas las celdas de rango con nombre seleccionados

8.   Si la fórmula creada, la barra de fórmulas mostrará la fórmula más legible que la creación de direcciones Uso de células.

gama pic 1.99 Named

1.5   IF y funciones lógicas

Para hacer la fórmula más avanzada, puede utilizar Si y otras funciones lógicas. Esta característica va a crear una prueba lógica para gestionar el flujo de la fórmula. El valor de comparación usando IF y otras funciones lógicas se llama boolean. valor booleano solamente tiene dos variantes, verdadero o falso.

1.5.1 Y

Y devolverá true sólo si los dos operando tiene el valor TRUE. La sintaxis es la siguiente:

```
= Y (operand_1, operand_2, ... operand_255)
```

Se puede ver en los pasos siguientes:

1. Hay dos valores, verdadero y falso.

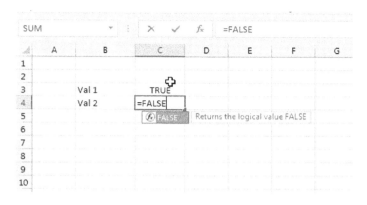

Pic 1.100 Dos valores TRUE y FALSE como operando

2. Escriba un signo igual, y la función de uso y seguido por (A continuación, introduzca el operando, y seguido por).

Pic 1.101 que entran y función e insertar el operando

3. El resultado es falso debido a que uno de los operandos es falsa.

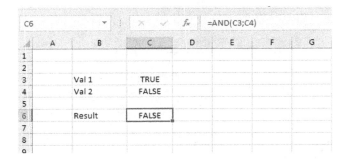

Pic 1.102 Resultado de la función AND es FALSO

1.5.2 O

función OR devolverá un valor TRUE si al menos uno de los operandos tiene valor TRUE. La sintaxis será la siguiente:

```
= O (operand_1, operand_2, ... operand_255)
```

El proceso de creación de esta función O:

1. Introduzca signo igual = y tipo "O" para insertar.

2. Seleccione el rango de operandos que desea operar utilizando la función OR.

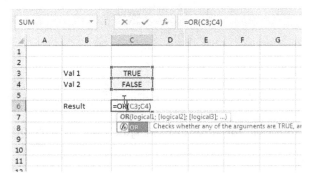

Pico 1,103 Select gama de operandos que se comparó usando OR

3. El resultado de la función OR es cierto porque uno de los operandos tiene un valor True.

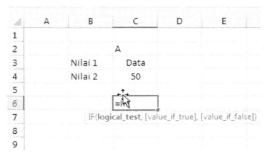

Pico 1,104 Resultado de la función OR

1.5.3 SI

SI función se utiliza para la toma de decisiones basada en el valor lógico. Se puede definir la acción que se toma cuando la prueba si valora las actividades verdaderas y otras cuando la prueba si se valora FALSO.

1. Haga clic en la celda para crear una fórmula que utiliza la función SI.

2. Introduzca signo igual para empezar a crear la fórmula.

Pico 1,105 Creación de Fórmula con función SI

3. Crear la prueba lógica, por ejemplo, queremos crear valor si la celda de C4 mayor que 50.

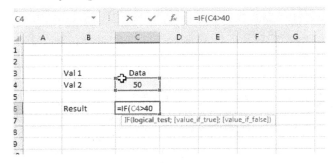

Pic 1.106 Prueba lógica

4. Definir texto que se mostrará cuando el valor Verdadero, el texto que se mostrará si el valor falso.

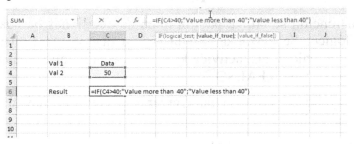

Pic 1.107 Definición de valor de texto para mostrar si es cierto y si es falso

5. Haga clic en Entrar, debido a que la prueba si es verdadera, entonces el texto que se muestra será el primer texto.

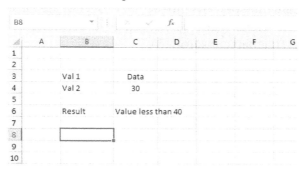

Se muestra pic 1.108 Segundo texto porque la prueba si-igual a FALSO

6. Si el valor de la prueba ha cambiado, por lo que la prueba si se valora Falso, se mostrará el primer texto.

Pic 1.109 Si el valor de C4 actualiza, la prueba si será falsa

1.6 Trabajar con datos

Cuando se trata de datos, hay muchas técnicas para hacer más fácil la edición de datos. Usted aprenderá algunos de ellos aquí.

1.6.1 Inmovilizar paneles

Si los datos muy amplia y no puede mostrar en una sola ventana, se puede congelar algunos panel de manera que se puede deslizar algunos datos, mientras que otros datos se congelaron.

Aquí está el ejemplo:

1. Hay un total de datos que queremos que se congele.

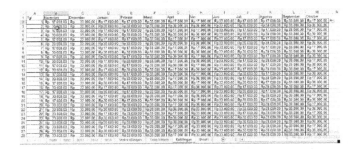

2. Haga clic en la celda que se quiere congelar. Esta característica es básicamente por debajo de la cabecera de la columna de datos, y el encabezado de la fila o la columna o fila que se congelan (quedarseunscrolled).

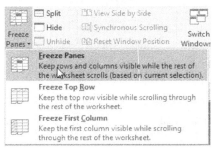

Pic 1.111 Haga clic en la celda que actuará como

3. Hacer clic **Ver** lengüeta de la cinta, a continuación, haga clic en Inmovilizar secciones> Inmovilizar paneles.

Pic 1.112 menú Inmovilizar paneles para activar Inmovilizar paneles

4. Después de la congelación, si se desliza horizontalmente los datos se desplazan horizontalmente, pero la columna de la izquierda se mantiene unscrolled.

	A	L	M	N	O
1	Tgl	September	Oktober		
2	1	Rp 33.000,00	Rp 17.000,00		
3	2	Rp 33.000,00	Rp 30.000,00		
4	3	Rp 33.000,00	Rp 17.000,00		
5	4	Rp 33.000,00	Rp 30.000,00		
6	5	Rp 33.000,00	Rp 17.000,00		
7	6	Rp 33.000,00	Rp 30.000,00		
8	7	Rp 33.000,00	Rp 17.000,00		
9	8	Rp 33.000,00	Rp 30.000,00		
10	9	Rp 33.000,00	Rp 30.000,00		
11	10	Rp 33.000,00	Rp 17.000,00		
12	11	Rp 33.000,00	Rp 30.000,00		
13	12	Rp 33.000,00	Rp 17.000,00		
14	13	Rp 33.000,00	Rp 30.000,00		
15	14	Rp 33.000,00	Rp 17.000,00		
16	15	Rp 33.000,00	Rp 30.000,00		
17	16	Rp 33.000,00	Rp 17.000,00		
18	17	Rp 33.000,00	Rp 30.000,00		
19	18	Rp 33.000,00	Rp 17.000,00		
20	19	Rp 33.000,00	Rp 30.000,00		
21	20	Rp 33.000,00	Rp 17.000,00		
22	21	Rp 33.000,00	Rp 30.000,00		

Pico 1.113 Columna B, C desplaza

5. Si los datos desplazan verticalmente, las filas por debajo de la fila de encabezado serían desplazarse arriba.

	A	L	M	N	O
1	Tgl	September	Oktober		
22	21	Rp 33.000,00	Rp 30.000,00		
23	22	Rp 33.000,00	Rp 17.000,00		
24	23	Rp 33.000,00	Rp 30.000,00		
25	24	Rp 33.000,00	Rp 30.000,00		
26	25	Rp 33.000,00	Rp 17.000,00		
27	26	Rp 33.000,00	Rp 30.000,00		
28	27	Rp 33.000,00	Rp 17.000,00		
29	28	Rp 33.000,00	Rp 30.000,00		
30	29	Rp 33.000,00	Rp 17.000,00		
31	30	Rp 33.000,00	Rp 30.000,00		
32	31	Rp 33.000,00	Rp 17.000,00		
33	Jml Total				
34					
35					
36					

Pic 1.114 filas desplazan mientras que la cabecera no hace

6.   Para eliminar el efecto Inmovilizar paneles, haga clic en la ficha Vista, haga clic en **Inmovilizar paneles> Movilizar paneles**.

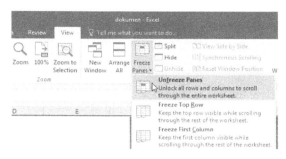

Pic 1,115 Haga clic para Panes> Movilizar paneles

7. Después de descongelado, serán totalmente aparecerá nuevo los datos.

Pic 1.116 Los datos aparecen completo después de descongelar

1.6.2 Ordenar los datos

A los datos numéricos y alfanuméricos se pueden ordenar el uso de ciertos criterios. Aquí está el ejemplo:
1. Por ejemplo, hay un dato del trabajador.

⊿	A	B	C	D	E
1	Name	Department	Age		
2	Jonny	Marketing	54		
3	Jokowi	Marketing	24		
4	Jean	Jig & Fixtures	40		
5	Andrew	Assembly	52		
6	Raghib	Welding	19		
7	Errick	Welding	29		
8	Susilo	Welding	29		
9	Jeff	Jig & Fixtures	39		
10	Stephen	Marketing	19		
11					
12					
13					

Pic 1.117 datos de trabajador

2. Por valor numérico, puede ordenar desde pequeñas a grandes seleccionando las celdas, a continuación, haga clic en **Ordenar> Ordenar de menor a mayor**. Esto ordenará los datos numéricos de menor a mayor

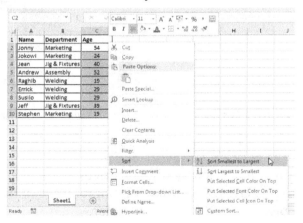

Pic 1.118 Ordenar de menor a mayor

3. Los datos de la columna se ordenarán de forma automática, mientras que los datos de otra columna se ajustarán también, porque selecciono **Amplia la seleccion**.

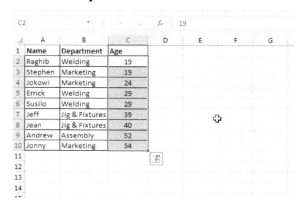

Pic 1.119 Resultado de la clasificación

1.6.3 filtrado de datos

Filtrado de datos harán Excel datos sólo pantalla que coincidan con los criterios. Aquí hay un ejemplo:

1. Haga clic en la columna a filtrar.

2. Haga clic derecho y seleccione **Filtrar> Filtrar por valor de celda seleccionada**.

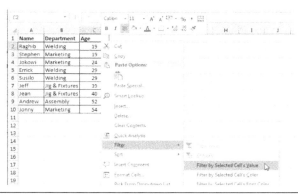

3. Todo el contenido de la tabla estará vacía. Esto está ocurriendo porque todo se filtra.

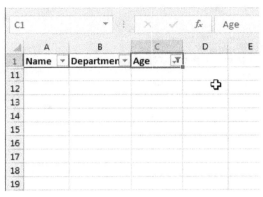

Pic contenido de 1,121 Tabla vacío porque todo lo que se filtra

4. Haga clic en el icono de filtro, a continuación, elija Seleccionar todo para mostrar todos los datos.

Pic 1.122 Seleccionar todo para mostrar todo

5. Se mostrará todo el contenido de la tabla.

Pic 1.123 Todo el contenido está representada

6. También puede filtrar algunos datos que se mostrarán comprobando el valor que desee mostrar.

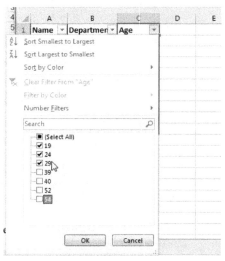

Pic 1.124 Comprobación en un valor particular para mostrar

7. Se mostrarán los datos seleccionados.

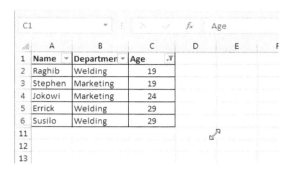

Se mostrarán pic 1.125 datos seleccionados

8. También puede crear criterios de filtrado. porejemplo para mostrar los datos que tiene más de un valor, haga clic en la columna, luego el número de Filtros> Mayor que.

Pic 1.126 Número Filtros> mayor que

9. Introducir el valor del filtrado, por ejemplo, en 50 **Es mayor que** un cuadro de texto. Este valor sólo mostrará valores superiores a 50.

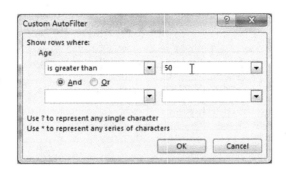

Pic 1.127 Introducción de criterios de filtrado

10. Los datos que se mostrará será la de datos con valor> 50.

Pic 1.128 Los datos presentados tendrán valor de datos> 50

11. Para eliminar el filtrado, haga clic **Ordenar y filtrar> Filtro**. Se eliminará el filtrado.

Pic 1.129 menú de filtrado para eliminar

1.6.4 Mesa

A los datos regulares en Excel pueden tener formato de tabla de Excel. Esta característica hará que la creación de los datos de la tabla del mapa y la manipulación más fácil. Aquí es cómo se puede crear datos regulares como una tabla:

1. Elija todas las celdas que desea incorporar en una mesa.

| | C10 | ▾ | : | × | ✓ | f_x | 54 |

◢	A	B	C	D
1	Name	Department	Age	
2	Raghib	Welding	19	
3	Stephen	Marketing	19	
4	Jokowi	Marketing	24	
5	Errick	Welding	29	
6	Susilo	Welding	29	
7	Jeff	Jig & Fixtures	39	
8	Jean	Jig & Fixtures	40	
9	Andrew	Assembly	52	
10	Jonny	Marketing	54	
11				
12				
13				
14				

2. Haga clic en Formato ya que el cuadro y elegir el formato de estilo de tabla que desea.

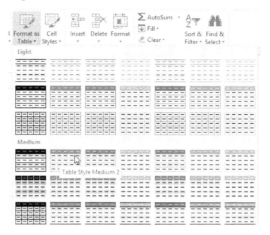

Pic formato de estilo 1.131 Seleccionar tabla

3. El rango será elegida, se puede ver la línea de puntos que rodea su mesa. Si la tabla tiene un encabezado, comprobar**La tabla tiene encabezados**.

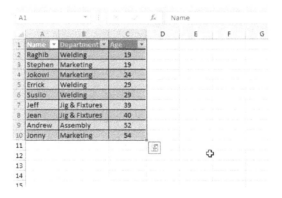

Pic 1,132 Haga clic en OK para crear una tabla de la gama seleccionada

4. Haga clic en Aceptar, el rango seleccionado se convertirá en una tabla de Excel. Cuando los datos se convirtieron en una mesa, una flecha filtrado aparecerá en la cabecera.

Pic 1.133 filtrado de flecha en la cabecera de cada columna

5. Cuando se selecciona una celda exterior, la gama sigue el formato de una tabla. Una tabla también se puede seleccionar mediante la inserción del nombre de la tabla de la**Nombre** caja de texto.

Pic 1.134 Rangos ya formateados como una tabla

1.7 Gráfico y tabla dinámica

El gráfico es una representación visual de los datos en la hoja de cálculo de Excel. El gráfico hace que el usuario regular puede comprender los datos más fácil que acaba de leer los datos numéricos. Excel admite muchas cartas de la siguiente manera:

1. Gráfico circular: Se utiliza para mostrar porcentaje. Esto le dirá la cantidad de una porción del valor de datos en comparación con otra rebanada y los valores globales de la célula.

2. gráfico de columnas: Se utiliza para comparar elementos. Cada columna muestra un valor de datos.

3. Gráfico de barras: similar con gráfico de columnas, simplemente situado horizontalmente y no verticalmente como una columna.

4. Gráfico de líneas: Niza para mostrar la tendencia de los datos, de vez en cuando.

Gráfico veces llamado como gráfico. Además de los gráficos anteriores, hay un montón de otro tipo de gráfico en Excel.

1.7.1 Gráfico de la creación

Para crear un gráfico, que debe hacer tres cosas:

En primer lugar la inserción de datos, sin importar el tipo de gráfico que desea crear, debe introducir los datos de la hoja de trabajo.

Al introducir datos en una hoja de trabajo, tenga en cuenta algunas piezas de información a continuación:

1. No deje celda vacía o fila / columna entre los datos. Si hay una fila o una columna vacía entre los datos, esto hará que Asistente para gráficos de Excel no es eficiente. Por lo tanto, hará que la

creación de la carta más difícil, hay que seleccionar los datos de forma manual.

2. Si es posible, insertar datos en el estilo de la columna. Basta con escribir el nombre de los datos en la cabecera, y luego la serie de datos para esa cabecera debajo del nombre del encabezado de una columna.

En segundo lugar es la elección de los datos.

	A	B	C	D
1	Average Precipitation for World Cities (mm)			
2				
3	Location	January	April	July
4	Acapulco	10	5	208
5	Amsterdam	69	53	76
6	Anchorage	17	13	42.5
7	Dallas	48	87.5	62
8	Glasgow	110	50	61
9	Madrid	39	48	11
10	New York	99	100	115
11	Tokyo	101	121	189
12	Toronto	55.2	65.4	71
13				

Drag with mouse

Pic 1.135 Selección de datos

Para recoger los datos, usted tiene que:

1. Haga clic en la parte superior izquierda de los datos

2. puntero de arrastre a través de los datos, por lo que cada célula debe ser seleccionado.

El tercer paso es por la elección de qué se tomaron métodos, utilizando el asistente gráfico o manual.

1.7.2 La creación de gráfico de columnas

Para mostrar cómo crear un gráfico, voy a demostrar cómo construir un gráfico de columnas. Siguiendo este ejemplo, se puede crear otro tipo de gráficos fácilmente, porque en el fondo, todo el cuadro es el mismo.

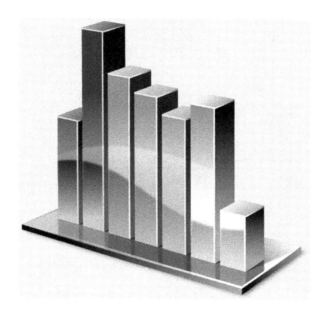

Pico gráfico 1,136 Columna

Mira el ejemplo de abajo:
1. Los datos para este ejemplo como este:

Vendedor	Ventas totales
Jimmi	10000
Joan	12000
Tri	18000
tony	11000
alemán	9000

2. Seleccionar toda la tabla, incluyendo el texto en el encabezado.

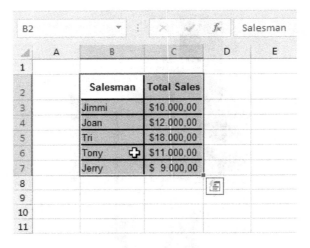

Pic 1.137 Selección de todos los componente de tabla

3. Haga clic en Insertar gráfico, debido a que la carta que queremos crear es un gráfico de columnas, seleccione la columna.

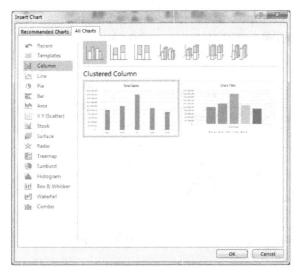

Pic 1.138 Columna Creación

4.   Haga clic en un subtipo del tipo de columna.

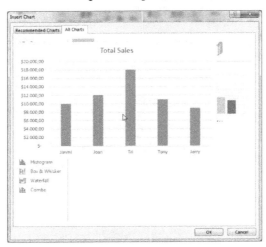

Pico 1,139 elección de sub-tipo de la tabla de la columna

5. Una tabla se creará automáticamente.

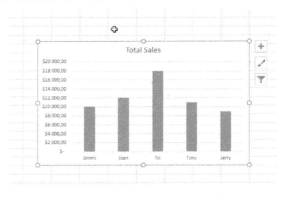

Pic tabla 1.140 Columna crea automáticamente

6. También puede crear una tabla haciendo clic en Insertar>
Columna luego elija subtipo de la tabla de columna que desea
crear.

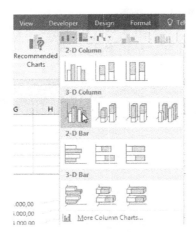

Pic 1.141 seleccionar el tipo de tabla de columna

7. Se creará una nueva tabla.

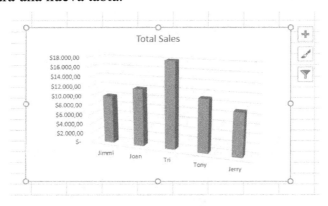

Pic 1.142 Nueva tabla creada

8. La tabla ya creada se puede personalizar, por ejemplo, las líneas horizontales se pueden eliminar haciendo clic en una de las líneas, a continuación, haga clic derecho y haga clic **Borrar**.

Pic 1.143 Uso del menú Borrar para borrar líneas horizontales

9. La línea horizontal se elimina de la tabla.

Pic 1.144 Línea horizontal elimina de la tabla

10. Para dar formato a ciertas columnas en el gráfico, haga clic derecho y seleccione **Formato de punto de datos**.

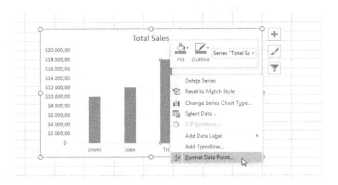

Pic 1.145 Menú Punto de formato de datos a formato a las columnas en la tabla

11.   La primera pestaña es opciones de la serie. Puede cambiar las propiedades de profundidad y anchura de las opciones de series. Seleccionar cambiando la profundidad y anchura.

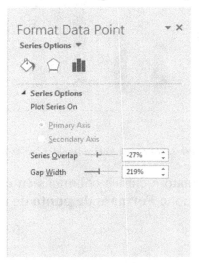

Pic opciones de 1,146 Series

12.   Llenar la ficha se utiliza para gestionar los colores, patrón o imagen para llenar las columnas.

Pic 1.147 Formato de punto de datos

13. Después se cambia la columna, la columna tendrá un estilo diferente.

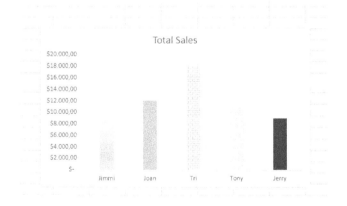

Pic 1.148 Columna tener diferentes estilos

14. En Color del borde, puede definir qué tipo de frontera para las columnas.

Pic 1.149 Color del borde

15. Se bordeadas las columnas.

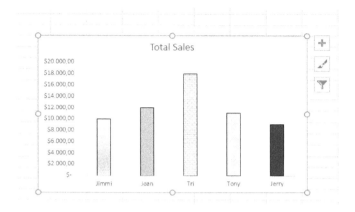

Pic 1.150 Columnas después bordeado

dieciséis.   En la sombra, se puede dar sombras para los puntos de datos / columnas.

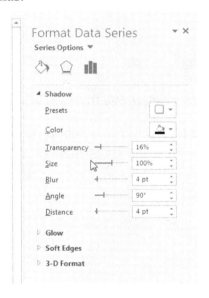

Pic 1.151 Configuración de sombra

17. En un formato 3D, se puede configurar el estilo 3D de puntos de datos / columnas.

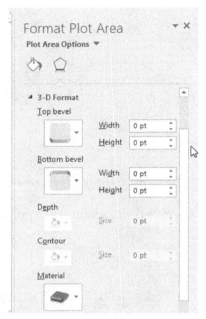

Pic 1.152 Configuración 3D formato de puntos de datos

18. El formato de las columnas o puntos de datos de la tabla será diferente de la condición predeterminada.

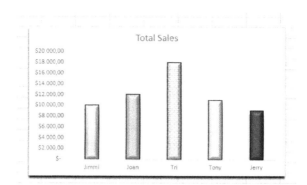

19. Para cambiar el título de la tabla, puede hacer clic en el cuadro de título.

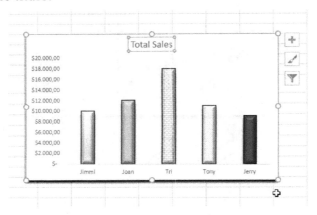

Pic 1.154 Al hacer clic en el cuadro de título para cambiar el título de la carta

20. Escriba el nuevo texto para el título.

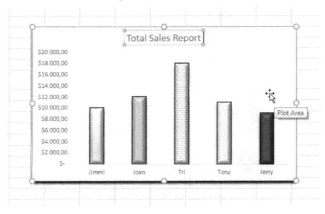

Pic 1.155 Escribir nuevo texto para el título

21. Para ver los datos fuente, haga clic derecho y elija Seleccionar datos.

Pic 1.156 menú para seleccionar datos

22. Se puede ver una serie de datos que se utilizan como entradas de leyenda y etiquetas de los ejes.

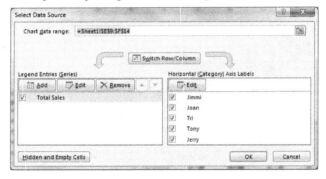

Pic fuente de datos de 1.157

23. Cuando abrió la ventana Fuente de datos, se puede ver la columna que actúan como entradas de leyenda y etiquetas de los ejes.

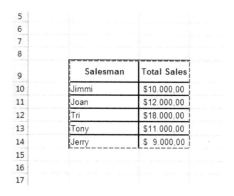

Salesman	Total Sales
Jimmi	$10.000,00
Joan	$12.000,00
Tri	$18.000,00
Tony	$11.000,00
Jerry	$ 9.000,00

Pic fuente de datos de 1.158

24. Puede cambiar el tipo de gráfico a un tipo diferente de columna haciendo clic **Columna> Otro tipo de columna**.

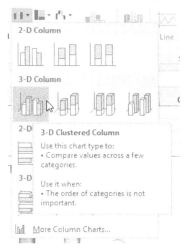

Pic 1.159 Columna> Otro tipo de columna

1.7.3 Tabla dinámica

Una tabla puede ser pivotado para crear una tabla de pivote. Esta tabla le ayudará a ver más claramente la información. Puede

---

101

ver algunos datos agregados, que no se puede observar por medio de la tabla estándar. Aquí es cómo crear una tabla dinámica:

1. Haga clic en **Insertar> Tabla pivote**.

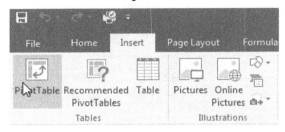

Pic 1.160 Haga clic en Insertar> tabla dinámica

2. Seleccione el rango que tiene datos para hacer la tabla y haga clic **DE ACUERDO**.

La elección de pic 1.161 gama para crear una tabla dinámica

3. caja de la tabla pivote apareció, pero No he visto ninguna columnas entraron.

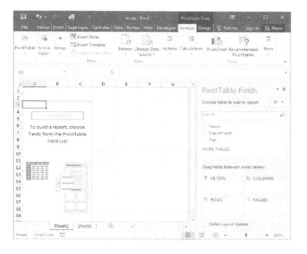

Pic 1.162 Tabla pivote entró

4. Por ejemplo, si queremos conocer la edad promedio para cada departamento, se puede introducir foto de abajo:

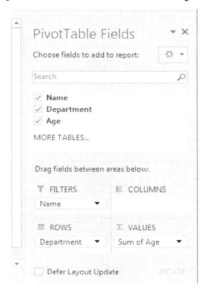

5. Se puede ver la suma de la edad.

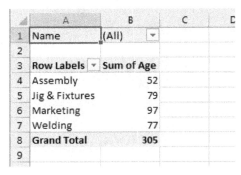

Pic tabla 1.164 pivote para la suma de Edad

6. Para cambiar el tipo de agregación, haga clic en la suma de la edad y de clic **Configuración de campo de valor**.

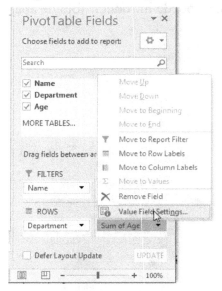

Pic 1.165 Selección de ajustes de valor de campo

7. Escoger **resumir tipo** promediar.

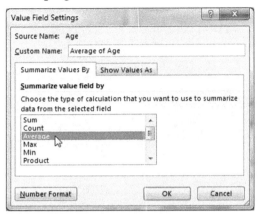

La elección de pic 1.167 Resumir Tipo de Media

8. Se puede ver la edad promedio de cada departamento.

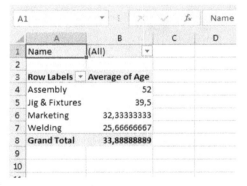

Pic 1.168 Edad media por departamento

EL ACCESO PARA LOS PRINCIPIANTES

Microsoft Access es un software RDBMS, que se utiliza para gestionar los datos en una base de datos. RDBMS significa sistema de gestión de base de datos relacional. Esta aplicación pertenece a la aplicación de Microsoft Office. Esta aplicación tiene una interfaz de usuario intuitiva y agradable interfaz gráfica de usuario para hacer la gestión de datos en la base de datos más fácil.

2.1   La introducción a MS Access

Microsoft Access puede gestionar los datos que se guardan en muchos formatos, como Microsoft Access, Microsoft Jet Database

---

Engine, Microsoft SQL Server, base de datos Oracle y otros recipientes de base de datos compatibles con el estándar ODBC.

Desarrollador / programador puede usar MS Access para desarrollar software de aplicación simple o complejo. El acceso también es compatible con la programación orientada a objetos, aunque no puede ser clasificado como un IDE de programación orientada a objetos completa.

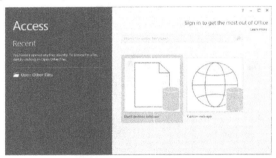

2.1 Acceso pic 2018

2.1.1 MS Access Objects

Base de datos de base de datos utiliza principalmente para guardar de manera eficiente, donde los datos se pueden seleccionar, actualizar o suprimir. Para dar cabida a esa función, la base de datos en MS Access tiene varios objetos:

o	Objetos	Función
.	Mesa	Un lugar para guardar los datos.
.	Consulta	Idioma o sintaxis para manipular los datos o base de datos.
.	Formar	Una interfaz para gestionar los datos / información en la base de datos utilizando la interfaz de

		usuario de escritorio. Esta característica hace que la interacción de datos más fácil y útil en evitar errores
.	Informe	Objeto para visualizar e imprimir datos / información como un informe. Por lo general, se imprime en papel.

2.1.2 Apertura y cierre de MS Access

Para ejecutar MS Access, puede hacer los pasos a continuación:

1. La forma más rápida es haciendo clic de Windows + R en el teclado a continuación, escriba "msaccess"comando y haga clic en OK.

2.2 Introducción de comando pic "msaccess" en el acceso EM

2. La ventana inicial de MS Access se ve así:

Pic 2.3 inicial de MS Access 2018 ventana

3. Para cerrar esta ventana, haga clic **Archivo> Cerrar**:

Pic 2.4 menú Archivo> Salir para cerrar la ventana de MS Access

4. También puede cerrar MS Access haciendo clic en cruz signo [X] en la parte superior derecha de la ventana, o haciendo clic **ALT + F4** acceso directo en el teclado.

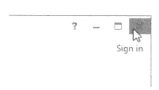

Pic 2.5 Haga clic en el signo de la cruz en la parte superior derecha de la ventana

2.1.3 Interfaces de MS Access'

Al abrir MS interfaz de acceso, hay dos opciones. La primera opción es mediante la creación de una base de datos en blanco y la segunda es la creación de una base de datos basada en plantillas individuales.

Pic 2.6 Plantillas disponibles

Si desea crear una base de datos basado en modelos, encontrar la plantilla mediante la inserción de la palabra clave de búsqueda de plantillas en línea de texto. Puede desplazarse por la ventana para encontrar un montón de plantillas aquí.

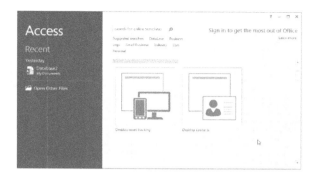

Pic 2.7 plantillas de Office.com

Después de insertar la palabra clave, y hace clic en Enter en el teclado, se mostrarán todas las plantillas relacionadas con la palabra clave introducida.

Pic resultado 2.8 Buscar en plantillas de palabras clave

Para crear una base de datos basada en una plantilla, haga clic en la plantilla. Se mostrará el detalle de la plantilla. Puede escribir el nombre de base de datos que desea crear en el cuadro de texto Nombre de archivo. Después hace clic en Crear botón para crear la base de datos.

Pic 2.9 El detalle de la plantilla

La plantilla elegida se descargará y se creó.

Pic 2.10 plantilla se haya descargado para crear una nueva base de datos basada en esa plantilla

La base de datos de nueva creación ya tendrá una estructura:

Pic 2.11 base de datos recién creada ya tiene una estructura

2.1.4 Configuración de las opciones de MS Access

Para poder trabajar de manera eficiente, debe configurar las opciones de acceso a MS adapte a sus necesidades. Haga clic en Archivo> Opciones para configurar las opciones de la aplicación.

Pic 2.12 Haga clic en Archivo> Opciones para iniciar la configuración de aplicaciones

En pestaña General, puede activar Vista previa en directo, active tipo Claro para mejorar la apariencia del texto en MS Access. También puede cambiar el esquema de color de la ventana de MS Access eligiendo en la lista desplegable Tema de Office.

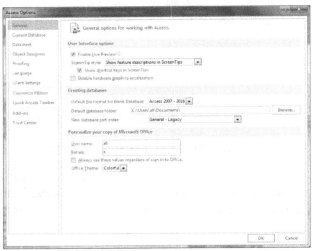

Pic 2.13 Ficha General para configurar las opciones generales de MS Access

En la base de datos actual, puede configurar las opciones sobre cómo se comporta la base de datos. Como el título de la aplicación, los iconos de aplicaciones, puede establecer si la imagen, la navegación activado o no.

Pic 2,14 ficha Base de datos actual

En la ficha Hoja de datos, puede configurar las líneas de división y efectos sobre las células, y se puede configurar el tamaño de fuente, el peso del texto y estilo de fuente.

Pic 2.15 Configuración de cuadrícula y Fuentes

En Objeto ficha diseñadores, puede configurar opciones para la creación de objetos, tales como la definición de tipo de objeto por defecto, también puede configurar el texto predeterminado de campo y el tamaño de campo estándar.

En Diseño de consulta, se puede definir la opción al crear una consulta, por ejemplo, si desea mostrar nombre de la tabla, campo de tabla, etc. En Forma / informe de vista del diseño, se pueden definir las opciones al crear formulario o informe.

Pic Diseñador 2.16 Objeto

En corrección, puede configurar las opciones de corrección para MS Access, tales como Opciones de autocorrección y corrección de ortografía. Se puede definir el idioma del diccionario como la base para las pruebas de lenguaje.

Pic 2,17 idioma de revisión Tab

En Idioma, se puede ver las bibliotecas para la función de edición. Esta opción depende de la configuración del equipo. Porque el uso de una interfaz de usuario Indonesia, el valor predeterminado es de Indonesia y Inglés.

Pic pestaña 2,18 Idioma

Para agregar un idioma, elija el idioma en el cuadro combinado Agregar idioma de edición adicional, y haga clic en Agregar. En un principio, la biblioteca para el estado de la lengua fue "No instalado". Haga clic en ese enlace.

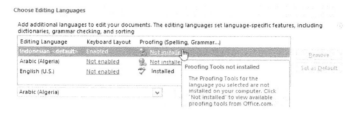

Pic 2.19 clic no instalado para abrir el paquete de idioma

Una página de descarga surgirá de Office.microsoft.com. Simplemente haga clic en el enlace de descarga para descargar el paquete de pruebas para ese idioma. En la configuración del cliente, puede configurar aspectos de edición de MS Access, tales como, la forma de moverse después de entrar, confirmación, comportamiento, etc.

En Personalizar cinta de opciones, puede elegir para personalizar la cinta, mediante la adición o eliminación de los comandos y el texto de los comandos existentes en la cinta.

pestaña Personalizar cinta de pic 2.21

En Barra de herramientas de acceso rápido, puede agregar el botón en la barra de herramientas de acceso rápido. Esta característica está en la parte superior izquierda de la ventana.

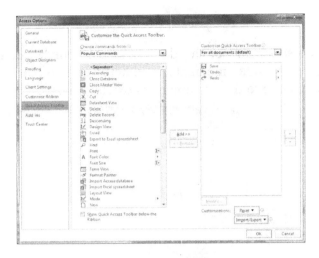

Pic barra de herramientas de acceso rápido 2.22 Personalización

En Complementos, puede agregar en el software para agregar características a sus programas de MS Access.

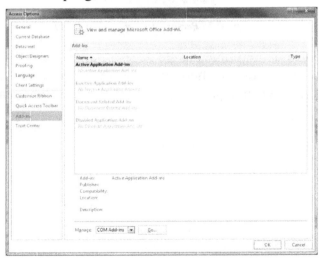

Pic pestaña 2,23 complementos

En Centro de confianza, puede configurar opciones para proteger sus documentos.

Pic 2.24 Centro de confianza

2.1.5 Crear, Guardar y Abrir base de datos

Antes de hacer la manipulación de bases de datos, debe crear una base de datos. En el ejemplo anterior, se ha creado una base de datos a partir de una plantilla. Ahora debe crear una base de datos en blanco.

Se puede seguir el tutorial a continuación:

1. Haga clic en la pestaña Archivo.

2. Para crear una base de datos en blanco, haga clic en la base de datos en blanco en **la plantilla Disponible**.

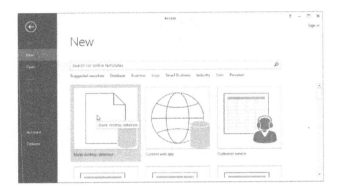

Pico 2,25 Adición de base de datos en blanco

3. Rellene el nombre de la base de datos en el cuadro de texto Nombre de archivo, haga clic en **Crear**.

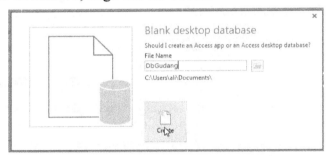

Pic 2.26 Haga clic en Crear para crear un nombre de archivo

4. Cuando está abierto, se puede ver la nueva interfaz de tabla. Pero la mesaaún no se ha creado porque la tabla no se ha guardado.

Pic 2.27 base de datos en blanco en la ventana de MS Access

5. Para guardar el archivo de base de datos, haga clic **Archivo> Guardar**.

Pic 2.28 Archivo> Guardar para guardar el archivo de base de datos MS Access

6. Para salvar a otro tipo de archivo de base de datos, haga clic **Archivo> Guardar como> Guardar base de datos Como**.

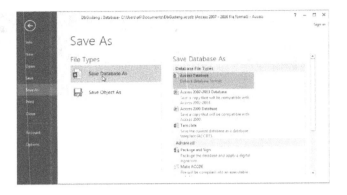

Pic 2.29 Archivo> Guardar como> Guardar base de datos como

7. Introduzca el nuevo nombre de archivo en Guardar como, haga clic **Salvar**.

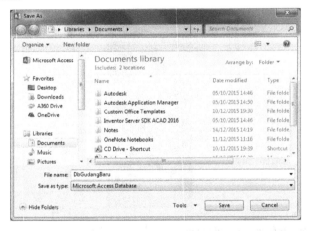

Pic 2.30 Asignación de nombre al archivo y haga clic en Guardar

8. Si la edición de base de datos ya terminado, haga clic **Archivo> Cerrar la base de datos** para cerrar la base de datos.

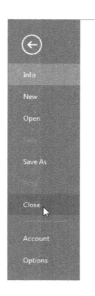

Pic 2.31 Archivo> Cerrar para cerrar la base de datos la base de datos

9. Para abrir el archivo de base de datos, haga clic **archivo>** Abierto.

Pic 2,32 Haga clic en Archivo> Abrir

10. Elija el archivo de base de datos que desea abrir.

Pic 2.33 Elegir archivo de base de datos Access para abrir

se abrirá 11. El archivo, y se puede manipular a su base de datos. Cuando se abre un archivo, se puede ver la barra de título mostrará el nombre del archivo.

Pic 2.34 Archivo ya abierto, se puede ver el nombre del archivo en la barra de título

2.1.6 Entendiendo Los botones en la cinta

En la cinta, hay algunos botones que se pueden utilizar para manipular la base de datos. La primera es la pestaña Inicio que contiene botones para editar y base de datos de formato.

Pic 2.35 Pestaña Inicio di cinta

Algunos botones de la ficha Inicio son:

1. View : Cambiar la vista de los objetos desde muchos ángulos. Por ejemplo, modificar la tabla para ver o datos de entrada.

2. Paste : Archivo u objeto pegar desde el portapapeles recogido de copiar o cortar operación.

3. Cut : Objeto de corte. Objeto corte-ted va a desaparecer y se queda en el portapapeles, que se pueden pegar con el botón Pegar.

4. Copy : Objeto de la copia. Objeto voluntad copiado permanece en el portapapeles.

5. Format Painter : Copiar el formato de un lugar (por ejemplo, texto) a otro.

6. Filter : Filtrar datos.

7. : Muestra los datos usando orden ascendente, del más pequeño al más grande. De la A a la Z.

---

8. $\frac{Z}{A}\downarrow$ Descending : Muestra los datos utilizando orden descendente, de mayor a menor, de Z a A.

9. Remove Sort : Eliminar el efecto de clasificación.

10. Selection ▾ : Selección de Filtrado

11. Advanced ▾ : Haciendo filtrado avanzado

12. Refresh All ▾ : Refrescar todo

13. : Crear un nuevo registro en la tabla.

14. Save : Guardar el nuevo registro en la tabla

15. ✕ Delete ▾ : Eliminar el registro.

dieciséis. Σ Totals : Sumando los total.

17. Spelling : revisar la ortografía.

18. Find : Encontrar ciertos textos.

19. Calibri (Detail) ▾ : Configuración de la fuente a un estilo particular.

20. 11 ▾ : La configuración de tamaño de fuente.

21. **B** : La aplicación de un estilo atrevido a textos seleccionados.

22. *I* : Aplicar el estilo cursiva para los textos seleccionados.

23. U̲ : Haga clic subraya a los textos seleccionados.

24. A ▾ : Selecciona el color del texto.

25. : Seleccione el color de la célula.

26. ≡ ≡ ≡ : Seleccionar la alineación en línea, sea de izquierda, derecha o centro.

La segunda pestaña es Crear. Hay muchos botones para dar cabida a la creación de objetos en MS Access.

Pic 2,36 Crear Tab

Algunos botones de la ficha Crear son:

1. Templates : Crear un objeto basado en la plantilla disponible.

2. Table : La creación de una mesa.

3. Table Design : Cambio al diseño de la tabla.

4. SharePoint Lists ▾ : Listas de puntos proporción de Gestión.

5. Query Wizard : Creación de una consulta mediante un asistente.

6. Query Design : Crear una consulta utilizando la interfaz de diseño.

7. Form : La creación de una nueva forma.

8. **Form Design** : Crear un formulario utilizando una interfaz de diseño.

9. **Blank Form** : La creación de forma vacía.

10. **Form Wizard** : La creación de una nueva forma de asistente.

11. **Navigation ▾** : Adición forma de navegación.

12. **More Forms ▾** : La adición de más forma.

13. **Report** : La creación de un informe.

14. **Report Design** : Crear un informe utilizando la vista de diseño.

15. **Blank Report** : La creación de un nuevo informe en blanco.

dieciséis. **Report Wizard** : Crear un informe utilizando el asistente

17. **Labels** : Introducción de etiquetas en un informe.

18. **Macro** : La creación de una macro.

19. **Module** : La creación de una macro para el módulo

20.  Class Module : La creación de un módulo de clase

21. Visual Basic : Creación de un módulo de Visual Basic.

La tercera pestaña es la pestaña de datos externa. Esta ficha se utiliza para importar y exportar datos.

Pic 2,37 ficha de datos externa

Algunos de los botones de la ficha Datos externos son:

1. Saved Imports : Viendo las importaciones guardadas en un documento.

2. Linked Table Manager : Vincular tabla a partir de otra fuente de datos.

3. Excel : Importación desde Excel.

4. Access : Importar datos de MS Access.

5. ODBC Database : Importar la fuente de datos ODBC.

6. Text File : La importación de archivos de texto.

7. XML File : La importación de un archivo XML.

8. More ▾ : Importación de otros archivos.

9. Saved Exports : Exportación de un documento.

10. Excel : Exportar datos a archivo de Excel.

11. Text File : Exportación de datos a un archivo de texto.

12. XML File : Exportar datos a un archivo XML.

13. PDF or XPS : Exportar datos a archivo PDF o XPS.

14. E-mail : Exportación de datos de archivo de correo electrónico.

15. Access : Exportación de datos a otro archivo de acceso.

dieciséis. Word Merge : El uso de combinación de la palabra.

17. More : Más opciones para exportar datos de acceso ms.

18. Create E-mail : Crear un correo electrónico con el documento Access como un archivo adjunto.

19. Manage Replies : Respuesta de Gestión.

La cuarta pestaña de la cinta es Herramientas de base de datos. Aquí se puede ver muchas herramientas relacionadas con la base de datos.

Algunos botones de esta pestaña herramientas de base de datos son:

1. : Compactar y reparar la base de datos.

2. : Abrir ventana de VB para hacer la programación en Visual Basic.

3. : Ejecutar macro.

4. : Abrir la ventana relación que muestra las relaciones entre los objetos de la base.

5. : Viendo la relación de objetos.

6. Database Documenter: Abrir Documentador de base de datos.

7. Analyze Performance : Analizar el comportamiento de los objetos.

8. Analyze Table : Analizar la tabla

---

9. **Server** : Abrir la ventana de SQL Server para administrar la base de datos de SQL Server remota.

10. **Access Database** : Bases de datos de acceso de Gestión.

11. **SharePoint** : Abrir una ventana de SharePoint para administrar la base de datos de SharePoint.

12. **Add-ins** : Abertura de la ventana de complementos para agregar o quitar complementos.

pestaña siguiente es la ficha Formato. La aparición de esta ficha depende de los objetos seleccionados.

Pic pestañas 2.39 de formato que muestran objetos conectados a

2.2 Introducción al objeto de tabla

Una base de datos tiene una tabla para guardar los datos. Sin la mesa, no habrá forma de consulta y, a causa de consulta y formulario de consulta o manipular los datos de la tabla.

La mesa se ve como una forma de hoja de cálculo; que tiene filas y columnas. Columna representa un tipo de datos particular, mientras fila representa los datos en un elemento individual. La fila en la tabla generalmente se llama registro.

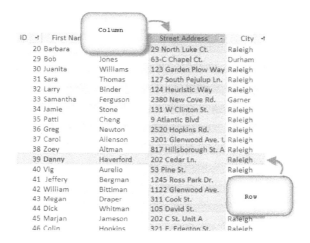

Pico 2,40 Ejemplo de la Tabla, filas y columnas

2.2.1 La creación de la tabla

La mesa es el lugar para guardar los datos. Para mantener los datos de manera eficiente, se debe crear la tabla con eficacia.

Aquí es cómo crear una tabla en MS Access:

1. base de datos abierta, si no hay mesa, se puede ver la **Todos los objetos de acceso** la ventana se está vacía.

2. Haga clic en Crear> Tabla para crear una nueva tabla.

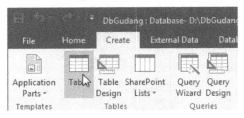

Pic 2,42 Haga clic en Crear> Tabla para crear una nueva pestaña

3. Una nueva tabla denominada Tabla1 emergerá, y en la ventana All Access Objects, aparecerá un icono **Tabla 1**. Pero esta tabla aún no ha creado.

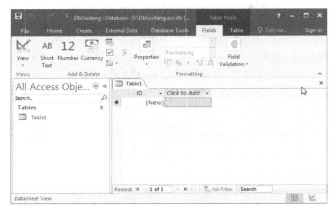

Pic 2,43 Tabla ya creado pero aún no han guardado.

4. Haga clic en CTRL + S para guardar la tabla. Una ventana Guardar como emergen, introduzca el nombre de la tabla.

Pic 2,44 CTRL + S y mesa de inserción de nombre

5. Se creará una mesa, el nombre que ha introducido en el cuadro de texto en la ventana anterior será el nombre de la tabla. Se puede ver la tabla creada en todos los accesos Objetos> Tablas.

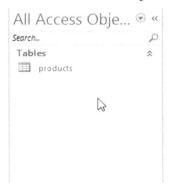

Pic nombre de la tabla 2.45 ya visible en todos los objetos de acceso

6. Empezar a insertar el contenido de la tabla cambiando a la vista Diseño haciendo clic en Ver> Vista Diseño.

Pic 2,46 Haga clic en Ver> Vista Diseño

7. Si abre la vista Diseño, la tabla por defecto tendrá una clave principal con el ID de nombre de campo, y el tipo de datos Autonumérico.

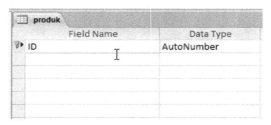

Pic campo de 2,47 por defecto

8. Puede manipular los campos mediante la inserción de la identidad, por ejemplo para la tabla productos. Necesitamos campo barcodeNumber.

Pic 2.48 Inserción Número de campo de código de barras

9. Insertar otros campos según sea necesario. La parte inferior de la interfaz de usuario tiene la pestaña General que se puede utilizar para especificar las propiedades más avanzadas del campo.

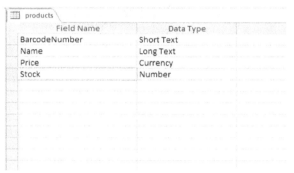

Pic 2.49 Inserción de campos adicionales

10. Una tabla debe tener idealmente clave primaria. La clave principal es un campo que se utiliza como una identidad. Su valor tiene que ser único, no está permitido el contenido duplicado. Para asignar un campo como clave principal, haga clic en el encabezado de la fila y elija el menú Clave principal.

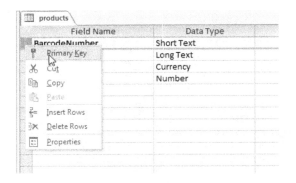

Pic 2.50 Menú para insertar clave primaria

2.2.1.1 Estructura de la tabla de edición

Cuando una tabla creada, la estructura de la mesa todavía se puede editar de nuevo. Por ejemplo, cambiar el nombre de ciertos campos, campos de tipo de cambio de datos o eliminar / añadir ciertos campos. aquí

1. Por ejemplo, el campo stock pasará a llamarse a la plataforma.

Pic 2,51 condiciones iniciales de la tabla

2. Haga clic en el nombre de la tabla, a continuación, haga clic en el menú Vista Diseño para cambiar a la vista Diseño Tipo.

Pic 2.52 clic en el menú vista Diseño para abrir la vista Diseño

3. Después de la vista Diseño creado, puede hacer clic en el nombre del campo que desea cambiar el nombre.

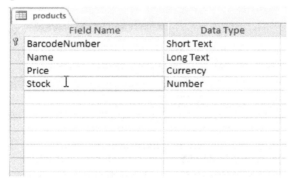

Pic 2,53 Haga clic en el nombre del campo para cambiar el nombre

4. Escriba el nuevo nombre para el campo. A continuación, haga clic en CTRL + S para guardar la tabla.

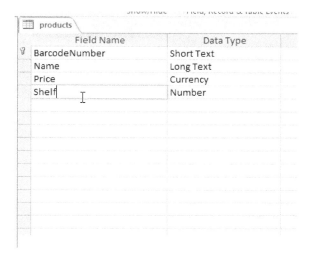

Pic 2,54 Ahorro después de cambiar el nombre del campo

2.2.1.2 Tabel copia

Una tabla ya creada se puede copiar para hacer otra tabla con contenido similar. Estos son los pasos que hacer:

1. Haga clic en el icono de la mesa en todas las ventanas de acceso objetos. A continuación, haga clic en el botón Inicio> Copiar.

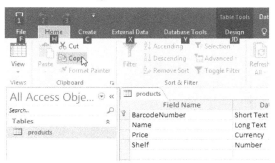

Pic 2.55 Haga clic Inicio> botón Copiar para copiar

2. Haga clic en Inicio> botón Pegar para pegar objeto de tabla copiada.

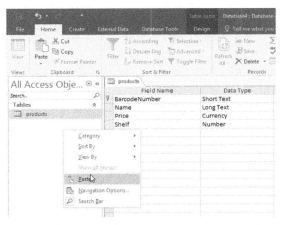

Pic 2,56 Haga clic Inicio> Pegar para pegar objeto de tabla

3. Una ventana titulada Pegar tabla como surgido, se puede definir la opción de copia tabla. Por ejemplo, si desea copiar la estructura única, la estructura y los datos o añadir datos a la tabla existente.

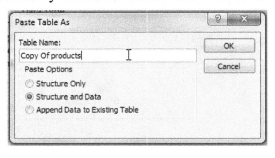

Pic Tabla 2.57 Pegar como ventana

4. Puede cambiar el nombre del nombre de la tabla de la caja de texto Nombre de tabla. También puede definir si la estructura o la estructura y los datos añadidos. Haga clic en OK proceso.

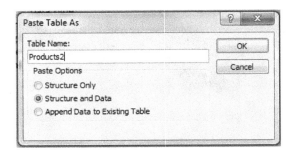

Pic 2.58 Renombrar el nombre de la tabla

5. La tabla recién copiada estará disponible en All Access Objects> ventana de tablas.

Nombre pic 2.59 de la tabla creada a partir de

6. Si la tabla recién creada abrió, se puede ver la estructura y los datos son similares a la tabla anterior.

Pic 2.60 recién creado mesa abrirse

2.2.1.3 Los campos Eliminación

Los campos que ya no son necesarios se pueden eliminar. Aquí es cómo hacerlo:

1. Haga clic derecho en el encabezado del campo que desea eliminar y haga clic en Eliminar campo.

Pic 2.61 Eliminar menú Campo eliminar un campo sin usar

2. El campo eliminado se retira definitivamente de la base de datos.

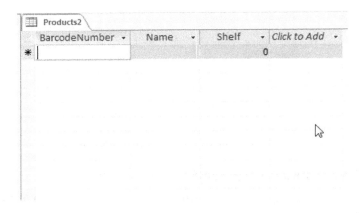

Pic 2.62 se borrará Campo

2.2.1.4 Tipos de datos de acceso

Si bien la creación de una mesa, ya que interactuó con algunos tipos de datos. Aquí están los detalles de algunos tipos de datos en MS Access:

1. Texto: El tipo de datos más prevalente usado. Este tipo de datos puede utilizarse para necesidades alfanuméricos. Por ejemplo, nombre, dirección, código postal, número de teléfono. Microsoft Access puede acomodar hasta 255 caracteres para este tipo de datos. Tiene dos variantes, cortos de texto, y el texto de longitud.

2. Memorándum: Esto es casi similar al texto, pero puede acomodar hasta 64.000 caracteres. Este tipo de datos se utiliza muy poco, ya que no se puede ordenar o indexado.

3. Número: Este tipo de datos se utiliza para guardar el valor numérico que se utiliza en el cálculo matemático. No se utiliza este tipo de datos para un número de teléfono, por ejemplo, debido a que el número de teléfono no tiene que ser contados.

4. Fecha y hora: Este tipo de datos es para la fecha y horario de verano, se puede utilizar este tipo de datos que desea guardar la fecha de nacimiento o la compra de tiempo para un producto.

5. Moneda

   Esta característica se utiliza para guardar los valores de moneda. Aunque se puede utilizar para ahorrar dinero Número hasta cuatro decimales.

6. AutoNumber: Este es un valor entero largo utilizado automáticamente para cada registro añadido a la tabla. Usted no tiene que añadir nada en este campo, Autonumérico generalmente se usa para identificar cada registro de una tabla.

7. Sí / No: Esto es para ahorrar valores booleanos Sí o No.

8. Objeto OLE: Esta se utiliza muy poco, objeto OLE utiliza para guardar el archivo binario, como imagen o archivos de audio.

9. Hipervínculo: Esto es para guardar direcciones URL a una dirección especificada en el Internet.

10. Datos adjuntos: Puede utilizar este tipo de datos para guardar un archivo o incluso algunos archivos en un solo campo. campo de archivo adjunto existe desde Access 2007. Este campo es más eficiente que el campo de objeto OLE.

Al crear una tabla, debe asegurarse de alguna lista en la tabla de nombres a continuación:

1. Longitud máxima del nombre del campo es de 64 caracteres. Aunque tútiene que dar un nombre descriptivo, asegúrese de que hay debajo de 64 caracteres.

2. Nombre del campo no puede contener (.), signo de exclamación (!), comilla simple / acento (`) o corchetes ([]).

3. No utilice el espacio de nombres de campo o tabla. Si es necesario definir el espacio en el nombre de campo, utilizar guión bajo (_) en su lugar.

2.2.2 Tabla de borrado

La tabla que no sean necesarios se puede eliminar utilizando los pasos a continuación:

1. Cierre la tabla en primer lugar, debido a que la tabla abierta no se puede quitar. RITH hace clic en la pestaña de la mesa y hace clic en Cerrar menú.

Pico mesa 2.63 de cierre antes de la eliminación

2. Haga clic derecho sobre una mesa en todas las ventanas de acceso a objetos y haga clic en Eliminar.

Pic 2,64 menú Borrar para borrar la tabla

3. Una ventana de confirmación aparecerá, haga clic en Sí.

Pic 2,65 confirmación para eliminar la tabla

4. La tabla desaparecerá de todas las ventanas de acceso objetos. Esto muestra que la tabla ya eliminó.

Pic 2.66 La tabla eliminada desaparecerá de All Access Objects ventana

2.2.3 Inserción y edición de datos

La mesa es un lugar para guardar los datos después de la tabla creada, puede insertar los datos y la edición. Aquí hay un tutorial para hacer esto:

1. Abra la tabla que desea insertar sus datos en, Haga clic en la celda superior izquierda.

Pic 2.67 Ponga el puntero sobre una celda superior izquierda de la primera fila

---

2. Se pueden introducir datos directamente escribiendo en la tabla. Para un determinado campo, puede introducir utilizando otro lector de entrada, como lector de código de barras.

Pic de datos 2.68 Inserción

3. Para añadir una nueva línea / registro. Haga clic en la fila inferior, y escriba al igual que el anterior.

Pic 2.69 Inserción de un nuevo récord

4. Mientras se escribe, se puede ver el icono del lápiz a la izquierda. Este icono significa que los datos todavía está añadiendo actualmente.

BarcodeNur	Name	Price	Shelf	Click to Add
57185718989	Kit Kat Chocs	Rp4.000	3	
4162578781	AA Battery EveReady	Rp2.000	1	
571857519	Lamp Panasonic 14W	Rp45.000	1	
23187987	Chocolate Bar AA	Rp28.909	3	
		Rp0	0	

Pic 2.70 icono de lápiz muestra los datos se siguen actualmente agregando

5. Los datos de una fila se pueden copiar a otra fila. Basta con seleccionar el encabezado de fila de la izquierda, haga clic en la derecha y haga clic en el menú Copiar.

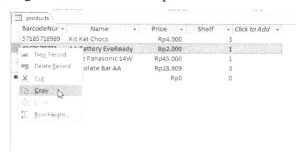

Pic menú 2,71 Contexto hacer copia

6. Ahora, haga clic en la fila que desea y haga clic en Pegar.

Pic 2,72 pegar el objeto copiado desde el portapapeles

7. Después de la pasta, el texto se copia en el seleccionado fila.

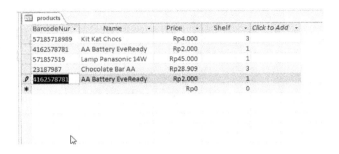

Pic 2.73 El texto seleccionado después de copiar

8. Por alguna ocasión, cuando una clave principal no le permiten tener idéntico valor en un campo, puede editar el texto copiado con otro valor.

Pic 2.74 Edición de texto debido a la restricción de clave primaria

9. Para borrar un registro, haga clic en el registro y haga clic en Eliminar registro menú.

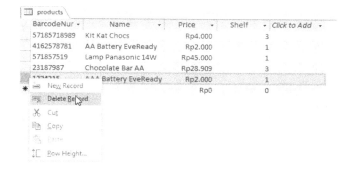

Pic 2,75 menú Eliminar registro

10. La confirmación surge ventana, se le preguntará si "Usted está a punto de eliminar un registro (s)". Haga clic **Sí** para eliminar el registro permanente.

confirmación de pic 2,76 registro de borrado

11. El registro seleccionado será borrado y eliminado permanentemente de la tabla.

2.2.3.1 Ordenar los datos

característica de ordenación en una tabla puede ser beneficioso. Aquí está cómo hacerlo clasificación de datos en la tabla de MS Access:

1. Haga clic derecho en el campo, a continuación, elegir el tipo de clasificación, por ejemplo, **Ordenar de menor a mayor** para hacer que los datos de la tabla que se muestra en base al valor más pequeño al más grande valor.

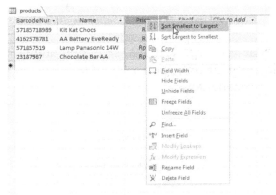

Pic 2.78 Clasificación de menor a mayor

2. Los datos serán ordenados en consecuencia:

BarcodeNur	Name	Price	Shelf	Click to Add
4162578781	AA Battery EveReady	Rp2.000	1	
57185718989	Kit Kat Chocs	Rp4.000	3	
23187987	Chocolate Bar AA	Rp28.909	3	
571857519	Lamp Panasonic 14W	Rp45.000	1	
*		Rp0	0	

Pic 2.79 Los datos ordenados de menor a mayor en el campo de precio

3. La clasificación en una tabla no se limita a un solo campo. También se puede hacer la clasificación en múltiples campos, por ejemplo, después de la clasificación delcampo de precio. Puede clasificar el campo Nombre de Z a A, haga clic en el campo y haga clic en Ordenar de Z a A.

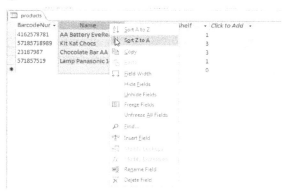

Pico 2,80 Ordenando de Z a A

4. Los datos serán ordenados en consecuencia, en el campo de precio en primer lugar, a continuación, el campo Nombre.

Pic 2.81 Clasificación de datos, según el precio y el nombre

5. Para eliminar el efecto de clasificación, haga clic en **Home> Eliminar Ordenar** en Ordenar y filtrar caja.

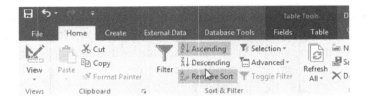

Pic 2,82 borrar Ordenar quitar la clasificación basada en el alfabeto

6. Después de eliminado el efecto de clasificación, la tabla tendrá el orden inicial.

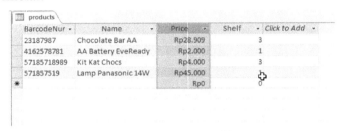

Pic 2,83 de datos con el pedido inicial

2.2.3.2 Configuración de Alto de fila

altura de la fila se puede configurar al igual que en Excel. Aquí está el tutorial:

1. Seleccione la fila en la tabla y haga clic a continuación, haga clic en el menú Altura de la fila.

Pic altura de 2,84 Fila

2. Una ventana Alto de fila aparece así:

pic altura 2.85 Configuración de la fila

3. Introduzca la altura de fila que desea, por ejemplo, 20 y haga clic en Aceptar.

Pico altura 2,86 Fila después de 20 píxeles

4. Para volver al tamaño inicial, haga clic en Alto de fila, y marque la casilla de texto de altura estándar. Esta acción va a alterar la altura de la fila a 14.25.

Pic altura de 2,87 Fila revirtió

5.   Altura de la fila se revertirá a la condición inicial.

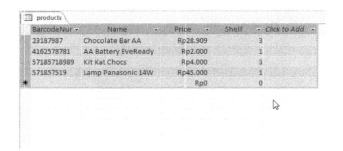

Pico altura 2,88 fila se volvió a condición inicial

6. Puede realizar un filtro en los datos, haga clic en el campo a continuación, comprobar en los valores que desee mostrar.

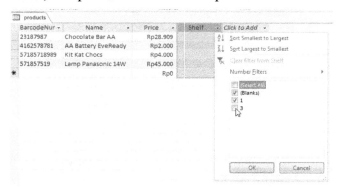

Pic 2.89 Comprobar en los valores que desea mostrar

7. Los datos se filtran y se muestran los valores controladas.

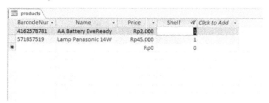

Pico 2,90 tabla filtrada

8. Para eliminar el efecto de filtrado, compruebe en Inicio> Activar Filtro en Ordenar y filtrar efecto.

Pic 2.91 Comprobar el Alternar filtro para eliminar el filtrado

9. Los datos mostrados se revertirán a la condición inicial.

Pic 2,92 Todos los datos que se muestran después de filtrar efecto eliminan

2.3 Datos Consultas

Datos sin análisis sólo es un montón de números y textos. Sin embargo, si se analizan los datos, los datos se pueden extraer como información. En Access, debe crear una consulta para analizar los datos de las tablas.

2.3.1 consultas de Access

Para analizar los datos, hay que recuperar datos de la tabla. Eso es lo que la consulta utiliza. La consulta va a extraer los datos de la fuente de datos (tabla) y sólo mostrar los datos que corresponden a la consulta creado, o se puede decir que el resultado de la consulta.

2.3.2 consulta de selección

Para hacerse con datos de una tabla, utilice una consulta SELECT. Esta consulta va a extraer los datos basados en criterios proporcionados. El acceso tiene función de interfaz gráfica de usuario para hacer más fácil datos de la consulta. Se puede utilizar en Diseño de consulta o de cuadrícula de la consulta.

En Diseño de consulta, componentes como tablas, vistas y columnas representadas visualmente, esto hace que la consulta tan fácil como arregla rompecabezas. Aquí está un ejemplo de cómo crear una consulta mediante interfaz gráfica de usuario de acceso:

1. Haga clic en **Crear> Diseño de consulta**.

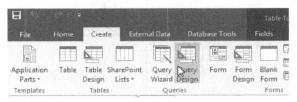

Pic 2,93 Haga clic en Crear> Diseño de consulta para abrir la ventana Diseño de consulta

2. Elija la tabla como origen de datos en la ventana Mostrar tabla.

Pic tabla 2.94 eligiendo como la fuente de datos

3. Tablas seleccionadas serán insertados en la ventana de consulta.

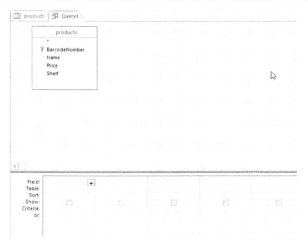

Pic 2.95 Tablas añadidas en la ventana de consulta

4. Para crear una consulta de selección, haga clic **Diseño> Seleccionar** el tipo de consulta.

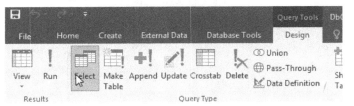

Pic 2,96 Haga clic en Diseño> Seleccione para crear una consulta SELECT

5. Elija los campos que desee insertar.

Pic 2,97 elección de campos para insertar

6. Campos añadidos aparecerán en la parte inferior de la ventana de consulta.

Una pic 2,98 campo agregado

7. Puede ejecutar la consulta haciendo clic en una **Diseño> Ejecutar** botón (!).

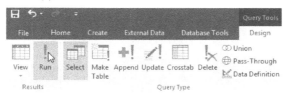

Pic 2.99 Ejecución de la consulta haciendo clic en Diseño> Ejecutar

8. La consulta mostrará todos los datos de la tabla utilizando la consulta que ha creado.

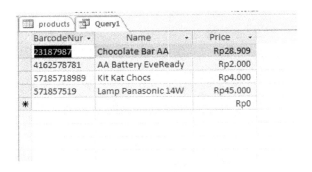

Pic datos de la pantalla 2.100 consultas de una tabla

9. Para ver la instrucción SQL (códigos detrás de la consulta), haga clic derecho en la consulta y haga clic **vista SQL**menú. O puede hacer clic en Ver> Vista SQL en la barra de herramientas de Acceso.

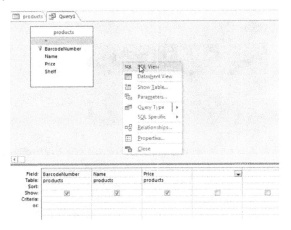

Pic 2.101 Menú para abrir la vista SQL

10. Se puede ver la instrucción SQL SELECT creado visualmente

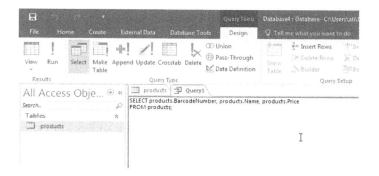

Pic texto de los discursos 2.102 SQL

2.3.3 SQL SELECT

Cuando se crea Seleccionar consulta anterior, básicamente, va a crear SQL instrucción SELECT visualmente. Para que usted pueda crear consulta más eficiente SELECT, usted debe entender el significado de la instrucción SQL SELECT.

La instrucción SELECT o instrucción SELECT de SQL es la instrucción SQL más populares. La instrucción SELECT utiliza para obtener datos / extracto de las tablas en la base de datos.

Puede decidir qué piezas de información tomada de algunas zonas, por lo que las tablas, también se puede definir la lógica de la instrucción SELECT WHERE. La sintaxis de la instrucción SQL SELECT es la siguiente:

```
column_list SELECT FROM table_names
[Dónde cláusula]
[GRUPO POR cláusula]
[Cláusula HAVING]
[Cláusula ORDER BY];
```

Table_names son el nombre de las tablas que desea extraer los datos.

Column_list es el campo para mostrar.

Otra cláusula es opcional.

En SQL SELECT solo Seleccione y una de son obligatorias, otras cláusulas como WHERE, ORDER BY, GROUP BY, HAVING son opcionales.

2.3.4 Criterios de clasificación y uso en Seleccionar

instrucción SELECT se puede clasificar el uso de algunos criterios. Por ejemplo, si desea que el resultado de la consulta de selección clasificado de forma ascendente por el campo nombre, entonces se puede elegir ordenación ascendente en el campo Nombre.

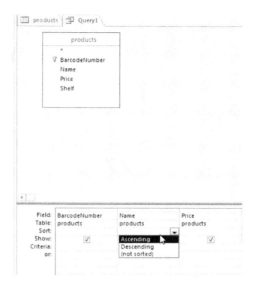

La elección de pic 2.103 clasificar como ascendente

Si la consulta se ejecuta, los datos se ordenarán en orden ascendente de cabo a rabo.

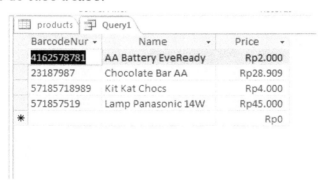

Pic 2.104 Resultado de la consulta clasificado de forma ascendente

También añadir otros criterios mediante el operador booleano por ejemplo, y. Imagínese si desea que los datos ordenados por

Nombre del campo, y el precio por encima de 2.500 a continuación, utilizar> 2500 en criterios.

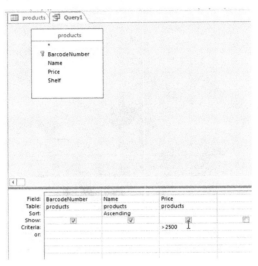

Pic 2.105 Adición de criterios en materia de precios

Si la consulta ejecutada, se puede ver las reglas afecta a los datos seleccionados por la consulta.

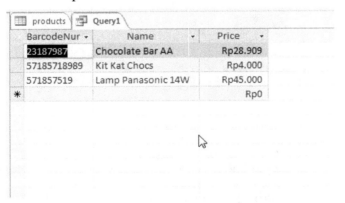

Pic 2.106 Los criterios afectarán a los datos seleccionados por la consulta

Usted puede hacer más de un criterio, por ejemplo, Precio> 25 y apellido empieza por g introduciendo> "g" en criterios de campo de nombre.

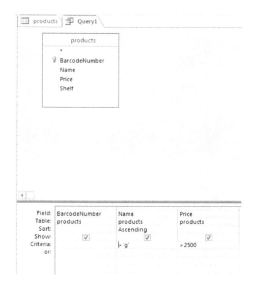

Pic 2.107 La utilización de más de un criterio

Si ejecuta la consulta, las normas afectarán a los datos seleccionados.

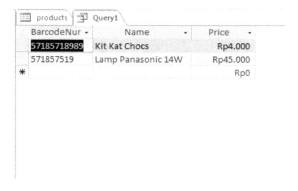

Pic 2.108 Resultado de la consulta después de dos criterios implementados

Si usted quiere encontrar datos exactos, se puede utilizar el signo igual y escriba los datos que desea encontrar en la fila criterios.

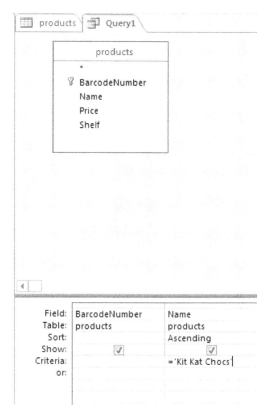

Pic 2.109 Encontrar texto exacto

Cuando ejecuta la consulta, se mostrará el resultado correcto.

Pic 2.110 resultado exacto se mostrará

Para guardar la consulta, haga clic en CTRL + S en el teclado, introduzca el nombre de la consulta.

Pic 2.111 Introducción de nombre para la consulta

En todas las ventanas de acceso objetos, se puede ver la nueva consulta ya se salvó.

Pic 2.112 Todos los objetos de Access muestran nueva consulta seleccionada

2.3.5 Los operadores de consulta

La consulta se puede utilizar más de un criterio mediante operadores. Los operadores hacen combinando valor booleano en criterios más fácil. Aquí hay algunos operadores pueden ser utilizados en la consulta:

1. operadores aritméticos: Acceso pueden utilizar operadores aritméticos como =, +, -, *, /,>, <.

2. O: Este operador devolverá verdadero si al menos uno de los criterios es cierto.

3. Entre: Este operador pondrá a prueba de un cierto rango, por ejemplo probando si los datos entre el valor A y el valor B o no?

4. Como: Este operador pondrá a prueba expresión de cadena si esta cadena se ajusta con un cierto patrón o no. Por ejemplo, puede filtrar registro con nombresimilar a un texto determinado.

5. En: Al igual que en O, para evaluar todos los registros de acuerdo con el valor en el argumento. Esta sintaxis es muy importante si usted tiene un montón de criterios para evaluar.

6. No: Esta es la inversa de A, no filtrará todos los registros que es complementaria a todos los argumentos en ().

7. Es nulo: IS NULL filtrará todos los registros en la base de datos que tiene un valor nulo.

***

SOBRE EL AUTOR

Ali Akbar es un autor de TI que tiene más de diez años de experiencia en la arquitectura y ha estado usando desde hace más de 15 años. Ha trabajado en proyectos de diseño que van desde grandes almacenes a los sistemas de transporte para el proyecto Semarang. Él es el de todos los tiempos de mayor venta de TI autor y fue citado como favorito autor de TI. Zico P. Putra es un técnico de ingeniería de alto nivel, TI consultor, autor, entrenador y con diez años de experiencia en varios campos del diseño. Continúa su Ph.D. en la Universidad Queen Mary de Londres. Más información en https://www.amazon.com/dp/1521133646

¿PUEDO PEDIR UN FAVOR?

Si te ha gustado este libro, considerado útil o de otra manera a continuación, le agradecería que tuviera a publicar una breve reseña en Amazon. Yo leí todas las críticas personalmente para que pueda escribir continuamente lo que la gente quiere.

Si desea dejar un comentario, por favor visite el siguiente enlace:

https://www.amazon.com/dp/B0722FJ59B

¡Gracias por su apoyo!